量、快樂和目的。

世界總是以人的行動確定人的價值。

目標

▶是**成功**的動力◀

有夢最美

成功不是一個定點，而是一段旅程，
你必須一站一站往前走，一旦停在原地，
成功的列車便離你遠去。

LET THE **DREAM** BEGIN

國家圖書館出版品預行編目資料

目標是成功的動力，有夢最美！/ 潘沅禾 編著.
-- 初版. -- 新北市 : 雅典文化, 民104.07
面 ; 公分. -- (change myself系列 ; 3)
ISBN 978-986-5753-41-2(平裝)
1. 自我實現 2. 生活指導 3. 成功法
177.2 104008653

change myself系列 03

目標是成功的動力，有夢最美！

編　　著／潘沅禾
責　　編／林美玲
美術編輯／蕭佩玲
封面設計／蕭佩玲

法律顧問：方圓法律事務所／涂成樞律師

總經銷：永續圖書有限公司
永續圖書線上購物網
www.foreverbooks.com.tw

CVS代理／美璟文化有限公司
TEL：（02）2723-9968
FAX：（02）2723-9668

出版日／2015年7月

雅典文化

出版社
22103 新北市汐止區大同路三段194號9樓之1
TEL （02）8647-3663
FAX （02）8647-3660

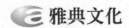

前言

成功者與平庸者的區別在於：成功者有明確的目標、清晰的方向，並且自信心十足、勇往直前的走向前方；而平庸者卻是終日渾渾噩噩、優柔寡斷，邁不開決定性的一步。

福布斯說：「深思熟慮地安排你的一生，為你自己確定一個前進方向。狂風巨浪，一定會有的，它會迫使你暫時離開你的航道，但是有一個前進方向比隨波逐流、無目的地漂泊要好得多。」

一張地圖，不論多麼詳盡，比例多精確，它永遠不可能帶著看它的人在地面上移動半步。任何寶典（包括本書）都永遠不可能創造財富。只有行動才能使你成功。記住：只憑一股想要成功的念頭並不夠，這一切的實現都要靠你自己的努力才行。本書採用許多成功人士的案例，讓目標引導你的人生之旅、告訴自己你能主宰命運、正確給自我定位、樹立崇高的生活目的和思想目標、找到適合你的職業、使自己在工作中脫穎而出、積極付諸行動、將努力集中在你的目標上和堅持不懈，對如何快速達成你的目標，邁向理想人生的問題進行了全面而生動的詮釋。

作者不希望你在三、五天內便將本書全部看完。而是希望你先制定一份具體的閱讀計劃，每天找一段安靜的時間，輕輕地翻開本書，慢慢領悟，細細品味。看完本書，你一定會感到豪情萬丈、動力十足，展開人生嶄新的一頁。

方法一
讓目標引導人生之旅

方法二
告訴自己你能主宰命運

方法三

正確給自我定位

方法四

樹立崇高的生活目的和思想目標

方法五
修正不現實的目標

方法六
找到適合你的職業

方法七
使自己在工作中脫穎而出

方法八
積極付諸行動

方法九

一步步走向成功

方法一

讓目標引導人生之旅

聰明的人，有理想、有追求、有上進心的人，一定都有一個明確的奮鬥目標，他懂得自己活著是為了什麼。因而他所有的努力，從整體上來說都能圍繞一個比較長遠的目標進行，他知道自己怎樣做是正確的、有用的，否則就是浪費了時間和生命。

LET THE **DREAM** BEGIN

成功的道路是由目標鋪成的

有人問羅斯福總統夫人：「夫人，妳能給那些渴求成功，特別是那些年輕、剛剛走出校門的人一些建議嗎？」

總統夫人謙虛地說：「先生，您的問題令我想起我年輕時的一件事：那時，我在班寧頓學院念書，想要半工半讀，最好能在電訊業找份工作，這樣我還可以修幾個學分。於是父親便幫我聯繫，約好了去見他的一位朋友，就是當時美國無線電公司董事長的薩爾洛夫將軍。」

「等我見到了薩爾洛夫將軍時，他便直截了當地問我想找什麼樣的工作？我想：他旗下公司的任何工作我都有興趣，選不選無所謂。便對他說，隨便哪份工作都可以！」

只見將軍停下手中忙碌的工作，眼光注視著我，嚴肅地說：「年輕人，世上沒有一種工作叫『隨便』，成功的道路是目標鋪成的！」

表現傑出的人士都是循著一條不變的途徑以達成功的，世界聞名的潛能激發大師——

美國的安東尼・羅賓先生稱這條途徑為「必定成功公式」。這條公式的第一步是要知道你所追求的，也就是要有明確的目標。第二步就是要知道該怎麼去做，否則你只是在做夢，應立即採取最有可能達成目標的做法。

如果你仔細留意成功者的做法，他們就是遵循這些步驟。一開始先有目標，然後採取行動，因為坐著等是不行的；接著是擁有判斷能力，知道目標的性質；然後不斷修正、調整、改變他們的做法，直到成功為止。

伯尼・馬克斯是紐澤西州一個貧窮的俄羅斯人的兒子。

亞瑟・布蘭克生長在紐約的中下層社區。在那兒，他曾與罪犯為伍。他十五歲時，父親去世。布蘭克說：「在我的成長過程中，我一直確信生活不是一帆風順的。」

一九七八年，布蘭克和馬克斯在洛杉磯一家電腦零售店工作時，被新來的老闆解雇了。第二天，一位從事商業投資的朋友建議他們自己創立公司。馬克斯說：「一旦我不再沈浸在痛苦中，我便發現這個主意並不是妄想。」

現在，馬克斯和布蘭克經營的家庭車庫設備，在美國迅速發展的家用設備行業中處於領先地位。馬克斯說：「當你絕望時，你有人生目標嗎？我問了五十五位成功的企業家，四十名都確切地回答：有！」

你必須有目標，且為目標而努力。辛勤工作並不表示你真正投入工作了。同樣砌磚牆，有的人默默埋頭苦幹，覺得工作很無聊，但還是認命地做下去；有的人卻一面砌，一面想像這面牆堆砌成後的面貌，上面也許會爬滿牽牛花，孩子們也許會攀在牆頭看風景等，他努力砌牆的同時，眼睛已經看到努力的成果了。

前一個砌牆人雖然賣力，在既有的工作上打轉，生活對他而言是一種苦刑。後者卻能陶醉在工作中，同時他很可能一面工作，一面思考改善，因此技術會不斷進步，工作不僅不讓他覺得無聊，還讓他有機會成為這一行的高手。

有一位叫泰莉的空中小姐，很喜歡環遊世界，而另一個空中小姐寶玲也一樣，寶玲她還希望有自己的事業，最好與旅遊有關。寶玲每到一個地方，就不停地記下她經歷到的一切，尤其是當地的旅館及餐廳狀況，並不時把自己的經驗提供給乘客。

後來她被調到旅遊行程規劃的部門，因為她就像一本活百科全書，掌握的旅遊知識非常豐富。她在那個部門如魚得水，更掌握了世界各大城市的旅遊動態，幾年之後，她已擁有一家自己的旅行社。

泰莉呢？她還是空中小姐，依然努力工作，但顯然並沒有什麼升遷機會，唯一能改變現狀的，大概只有結婚。

事實上，泰莉和寶玲一樣賣力工作，但泰莉沒有目標，只是隨興地到世界各地玩，不把旅行看作發展潛力的活動。沒有特定目標的人，往往終生在原地打轉。

如果你知道自己的目標，並且能完全投入，所有的機會都會蜂擁而來。人都有惰性，即使一心想成功的人，一樣有提不起勁的時候，不過只要你承認這點，並堅持不向惰性屈服，你的成功便指日可待。

我們周圍許多人都明白自己在人生中應該做些什麼事，但就是遲遲不拿出行動來。根本原因乃是他們欠缺一些能吸引他們的未來目標。若你就是其中之一，那麼從現在開始就應該去學會怎麼挖掘出從未想到的機會，進而拿出行動，實現那些理想。

沒有目標的人就像一艘沒有舵的船

美國一所研究成功的機構，曾經長期追蹤一百個年輕人，直到他們年滿六十五歲。結果發現：只有一個人很富有，其中有五個人生活無虞，剩下九十四人情況不太好，可算是失敗者。

這九十四個人之所以晚年拮据，並非年輕時努力不夠，主要因為沒有確定清晰的目標。一個沒有目標的人就像一艘沒有舵的船，永遠漂流不定。

前美國財務顧問協會的總裁路易斯・沃克曾接受一位記者訪問有關投資計劃的基礎。記者問道：「到底是什麼因素使人無法成功？」

沃克回答：「模糊不清的目標。」

記者請沃克進一步解釋。

他說：「我在幾分鐘前就問你，你的目標是什麼？你說希望有一天可以擁有一棟山上的小屋，這就是一個模糊不清的目標。問題就在『有一天』不夠明確，因為不夠明確，成功的機會也就不大。如果你真的希望在山上買一間小屋，你必須先找出那座山，找出你想要的小屋，算出幾年後要擁有這棟房子；接著你必須決定，為了達到這個目標每個月要存多少錢。如果你真的這麼做，你可能在不久的將來就會擁有一棟山上的小屋，但如果你只是說說，夢想就可能不會說現。夢想是愉快的，但沒有配合實際行動計劃的模糊夢想，則只是妄想而已。」

聰明、有理想、有追求、有上進心的人，一定都有一個明確的奮鬥目標，他懂得自己活著是為了什麼。因而他的所有努力，都能圍繞一個比較長遠的目標進行，他知道自己怎樣做是正確的、有用的，否則就是浪費了時間和生命。

許多人懷著羨慕、嫉妒的心情看待那些取得成功的人，總認為他們取得成功的原因是有外力相助，於是感歎自己的運氣不好。孰不知成功者取得成功的原因之一，就是由於確立了明確的目標。一個人有了明確的奮鬥目標，也就產生了前進的動力。因而目標不僅是奮鬥的方向，更是一種對自己的鞭策。有了目標，就有了熱情，有了積極性，就有了使命感和成就感。

有明確目標的人，會感到自己心裡很踏實，生活得很充實，注意力也會集中起來，不再被許多繁雜的事所干擾，做任何事都會顯得成竹在胸。相反，那些沒有明確目標的人，總是感到心裡空虛，思維亂成一團，分不清主次輕重，遇事猶豫不決，不知道自己該做什麼，不該做什麼。只有確立了前進的目標，一個人才又可能發揮自己的潛力。只有在實現目標的過程中，我們才能夠檢驗出自己的創造性，喚醒沈睡在心中的那些優異、獨特的能力，才能鍛鍊自己、造就自己。

目標會導引你的一切想法

要想把看不見的夢想變成看得見的事實，首要做的事便是制定目標，這是人生中一切成功的基礎。目標會導引你的一切想法，而你的想法便決定了你的人生。

一個生長於舊金山貧民區的小男孩，從小因為營養不良而患有軟骨症，在六歲時雙腿變成「弓」字型，而小腿嚴重的萎縮。然而在他幼小心靈中一直藏著一個除了他自己，沒人相信會實現的夢——那就是有一天他要成為美式足球的球員。

他是傳奇人物吉姆・布朗的球迷，每當吉姆的克里夫蘭布朗斯隊和舊金山四九人隊在舊金山比賽時，這個男孩便不顧雙腿的不便，一跛一跛地到球場去為心中的偶像加油。

由於他窮得買不起票，所以只有等到全場比賽快結束時，從工作人員打開的大門溜進去，欣賞最後的幾分鐘。

十三歲時，有一次他在布朗斯隊和四九人隊比賽之後，在一家冰淇淋店裡終於有機會和心中的偶像面對面的接觸，那是他多年來所期望的一刻。

他走到這位大明星的面前說道：「吉姆先生，我是您最忠實的球迷！」

吉姆和氣地向他說了聲謝謝。這個小男孩接著又說道：「您知道嗎？」

吉姆轉過頭來問過：「小朋友，請問是什麼事呢？」

男孩一副神態自若說道：「我記得您所創下的每一項紀錄、每一次的達陣，您真不簡單。」

這時小男孩挺了挺胸膛，眼睛閃爍著光芒，充滿自信地說道：「吉姆先生，有一天我要打破您所創下的每一項紀錄！」

聽完小男孩的話，這位美式足球明星微笑地對他說道：「好大的口氣。孩子，你叫什麼名字？」

小男孩得意地笑了，說：「奧倫索，我的名字叫奧倫索‧辛普森。」

奧倫索‧辛浦森日後的確如他年少時所說的，在美式足球場上打破了吉姆‧布朗所寫下的所有紀錄，同時更創下許多新紀錄。

生活中，有不少人缺乏明確的目標。他們就像地球儀上的螞蟻，看起來很努力，總是不斷地在爬，然而卻永遠找不到終點，找不到目的地。同樣，在生活中沒有目標，行動沒有焦點，也會使你白費力氣，得不到任何成就與滿足。沒有希望沒有目標的行動無異於夢遊，沒有目標的生活只不過是一種幻象。

許多人把一些沒有計劃的行動錯當成人生的方向，他們即使很努力，但由於沒有明確的目標，最後還是哪裡都到不了。

要攀上人生山峰的最高點，當然必須要有實際行動，但是首要的是找到自己的方向和目的地。如果沒有明確的目標，最高處只是空中樓閣，望不見更不可及。如果我們想要使生活有所突破，達到很有價值的目的地，首先一定要確定這些目的地是什麼。

只有設定了目的地，人生之旅才會有方向、有終點、有滿足。明確的目標讓我們有所適從、有所安心，為我們帶來目的，指導我們的行動，否則我們在生活中就像無頭蒼蠅一樣到處亂竄。當有了目標與方向，就有理由使自己不斷前進，不斷成長，開創新天地，發揮創造力。

要設立目標需要努力自律，一旦建立好了目標，就需要更多的努力和夜以繼日來逐步實現，而督促人生的方向不脫離目標以及不斷給自己設定新的目標，需要更多的努力和自律。設定和實現目標要花費這麼多的努力和自律，毅力稍差的人乾脆就不設目標，不實現目標了，任由現狀，得過且過，放棄了目標，或是雖然有目標卻懶得去實現。

光有目標並不能使我們不斷向前邁進，還要有行動計劃的配合才行。目標的樹立是使我們明確方向，而行動計劃則告訴我們該怎麼做，做什麼才能到達我們想要去的地方。

行動計劃確定於我們追求目標時所要投入的活動。

發現自己是什麼樣的人，認清楚自己的真正需要，樹立起明確的目標，並培養出強烈的動機和熱情，朝你心中向往的那個方面前進。這是你自己的挑戰，與其他任何人都無關。

成功與不成功之間的距離，並不像大多數人想像的是一道巨大的鴻溝，只差別在一些小小的事情上，每天多花五分鐘閱讀、多打一通電話、多努力一點、在適當時機的一個表示、多做一些研究，或在實驗室中多試驗一次。

在實踐理想時，你必須與自己做比較，看看明天有沒有比今天更進步——即使只有一點點。

只要再多一點努力。
只要再多敏捷一點。
只要再多準備一點。
只要再多注意一點。
只要再多增加一點精力。
只要再多一點創造力。
……

所有財富的獲得都有賴於明確的目標

▼明確的目標具有「聚焦」力量

從貧窮到富有，第一步是最困難的。其中的關鍵，在於你必須瞭解，所有財富和物質的獲得，都必須先建立清晰且明確的目標；當目標的追求變成一種執著時，你就會發現，你所有的行動都會帶領你朝著這個目標邁進。

卡內基就是一個很好的例子，當他決定要製造鋼鐵時，腦海中便不時閃現此一慾望，並變成他生命的動力。接著他尋求一位朋友的合作，由於這位朋友深受卡內基執著力量的感動，便貢獻了自己的力量；這兩個人的共同熱忱，最後再說服另外兩個人加入。

這四個人最後形成卡內基王國的核心人物，他們組成了一個智囊團，這四個人籌足了為達到目標所需要的資金，而最後每個人也都成為巨富。

但這四個人的成功關鍵關不只是「辛勤工作」而已，你可能也發現，有些人和你一樣辛勤工作——甚至比你更努力但卻沒有成功。

教育也不是關鍵性的因素，華爾頓從來沒有拿過獎學金，但是他賺的錢，比所有念過哈佛大學的人都多。

明確目標鼓勵你行動專業化，而專業化可使你的行動達到完美的程度。

你對於特定領域的領悟能力，以及在此一領域中的執行能力，深深影響你一生的成就。教育之所以重要，就在於它可使我們發現自己的基本需要和慾望，然而一旦你確定自己的需要和慾望之後，便應立即學習相關的專業知識；而明確目標好像一塊磁鐵，它能把達到成功必備的專業知識吸引到你這裡，這就是目標的「聚焦」力量。

▼目標明確使你更快的發現機會

明確目標會使你對機會抱著高度的警覺性，並促使你抓住這些機會。

柏克是一位移民到美國、以寫作為生的作家，他在美國創立了一家以寫作短篇傳記為主的公司，公司共有六人。有天晚上，他在歌劇院發現節目表印製得非常粗糙也太大本，使用起來非常不方便，而且一點吸引力也沒有。當下他興起了要印製面積較長、使用方便、美觀，而且文字更吸引人的節目表這個念頭。

第二天，他準備了一份自行設計的節目表樣本給劇院經理過目，說他不但願意提供品質較佳的節目表，同時還願意免費提供以便取得獨家印製權；而節目表中的廣告收入，足以彌補這些成本，並且還能使他獲利。

劇院經理同意使用他的新節目表，他們很快和所有城內的歌劇院都簽了約，這門生意日後欣欣向榮，最後他們擴大營業範圍，並且創辦了好幾份雜誌，而柏克也在此時成為《婦女家庭雜誌》的主編。

如果你能像發現別人的缺點一樣，快速發現機會的話，那就能很快成功。

▼目標明確使你更迅速地做出決定

成功的人能迅速地做出決定，並且不會經常變更；而失敗的人做決定時往往很慢，且經常變更決定的內容。

記住：有九十八％的人從來沒有為一生中的重要目標做過決定；他們就是無法自行做主、並且貫徹自己的決定。但是，要如何克服不願意做決定的習慣呢？

你可以先找出你所面臨最迫切的問題，並且對此問題做出決定，無論做出什麼樣的決定都可以，因為有決定總比沒有決定要好，即使開始時做了一些錯誤的決定，也沒有關係，日後你做出正確決定的機率會愈來愈多。

當然，如果能夠事先確定你的目標，將有助於做出正確的決定，因為你可隨時判斷所做的決定是否有利於目標的達成。

讓明確的理想，掌握你的生命

愛因斯坦說：「生命會給你所要的東西，只要你不斷的向它要；只要你在要的時候講得清楚。」

西班牙一家諮詢公司採訪了五千名經理人員，並對他們取得成就的原因進行了深入的分析和研究。結果顯示，儘管這些人年齡大不相同、專業各異，但他們都有一個共同之處：從整體來說，凡是那些事業有成就的人，都有一個明確的目標。人類和其他動物是不同的，也可以說人類是實行計劃生活的動物。人和一般動物的最大不同點，就是人有目標能定計劃，並運用思考。

思想可以使人生美好，換言之，為了使人生更美好，必須有計劃。人生沒有計劃和目標，便會覺得很無趣，像風吹的浮萍一般，隨波逐流。為了成功，你必須及早定立明確的目標，同時，努力實現它。

人，尤其是年輕人，無論他談與不談理想，至少都有自己的生活目標，或遠的或近，或精神或物質的。沒有人不想讓自己的生活越來越好的，沒有不想讓自己的人生更充實、更快樂的。所以，人們總是不滿足於現狀與已經得到的一切……於是，不斷地給自己確定新的生活目標，不斷地去追求新的生活。就這樣，他們在不斷地追求，不斷地滿足，在不斷地追求的過程中，走出了一條自己的人生路。

最有錢的人，通常是做生意的人。因為他們懂得去為自己的生意定立計劃，如果沒有計劃，他們一定沒有辦法向銀行或股東伸手借錢，生意便做不起來了。

美國政府曾經統計過，大概只有三%的六十五歲公民，是不需要依賴政府的救濟仍可生存。換句話說，九十七%的人的一生，在金錢的安排上，是失敗了。為何失敗呢？因為他們不會為自己好好計劃一下。

人生中一定要有目標，無論是崇高的還是很渺小的，無論是遙遠的還是眼前的，也無論是抽象的，還是很具體的，反正生活中總得要有所追求。人們生活艱苦，固然容易使目標堅定，方向明確；即使衣食無慮，也應該建立起更高的生活目標和人生理想。賺錢多得無法用。你可以將它回饋社會，立志造福社會。如此生活才能充實，生命才有意義，我們才不會陷入無聊之中不可自拔。

生活與人生有密切聯繫，但又有很大的區別。生活是人的實在的生命流逝過程，是人們每時每刻活著的內容；而人生則是人們對這實在生命流程的主觀感受，是人們對活著的內容的主觀評價。因此，人人皆是先有生活而後有人生，人們活著是生活之事，而人們活得怎樣則是人生之事。

現代社會生活的無限豐富，並不等於現代人之人生的無限豐富；人們在生活中的一時享受，也另有這麼一些人，他們或受父母的百般溺愛，或承受了一大筆遺產，生活中要什麼就能有什麼。於是，他們可以成天東遊西逛，無所事事。起先他們頗有些優越感，可是隨著時光的流逝，無聊便漸漸地襲上他們的心頭。

無聊的對立面是充實。一個人只要在生活中有做不完的事，就不會感到無聊。人在繁重的體力勞動時，唯一的渴望多半是能夠休息一下；但人如果太清閒了，又熱切地企盼做點什麼事。無聊最大的起因便是無所事事，因此我們應該想方設法充實自己的人生，讓生活更豐富多彩一些。即便你有用不完的錢，根本不要為生活而發愁，那也可以多找一些富有文化精神的事情來做，總之是不要讓自己閒下來。

時光流逝是那樣迅速，我們沒有任何理由不去珍惜，沒有任何理由不把人生安排好；為此，我們妥善於尋覓人生中有意義有價值的事物，要常常保持生命的活力，不斷樹立起新的人生目標，要過充實而有意義的生活，尤其是不能讓無聊之類的負面人生態度蠶食寶貴的生命時光。

「所有的人都持續不斷地追求一項目標——成功與幸福。」這是希臘哲學家亞里士多德在公元前四世紀提出的名言，它已概括了人生之旅的目標。

追求「成功與幸福」是人類的共同目標，把它分解開來，可能是職務的升遷、居家的改善、子女的培養、身體的健康……等等。

掌握你的生命，高懸某種理想或希望，奮力以赴，使自己的生活能配合一個目標。有許多人庸庸碌碌，默默以終，這是因為他們認為人生自有天意，從沒想到可以創造人生。事實是人生存在世上，那是天意；好好地利用自己的生活，使它朝著自己的計劃和目標奮進，這樣就成了人生。

你心目中要有明確的遠景，就會勇猛奮進。如果自己心裡認定會失敗，就永遠不會成功。你自信能夠成功，成功的可能性就大為增加。沒有自信，沒有目的，你就會俯仰由人，一事無成。

目標並不只是一個願望

目標，是我們的奮鬥方向。一個目標並不只是一個設想，而是一個得以實行的設想。一個目標不只是模糊地「希望我能」，而是明確的「這是我的奮鬥方向」。

目標對於成功者，猶如空氣對生命，不可缺少。沒有目標就沒有成功，沒有空氣就不能生存。設定明確的目標，是所有成就的出發點，那些九十八%的人之所以失敗的原因，就在於他們從來都沒有設定明確的目標，並且也從來沒有踏出他的第一步。

當你研究那些已獲得成功的人物時，會發現他們每一個人都各有一套明確的目標，都已訂出達到目標的計劃，並且花費最大的心思和付出最大的努力來實現他們的目標。

安德魯·卡內基他編寫出偉大人物達到成功所依循的各項原則。

卡內基原來是一家鋼鐵廠的工人，但他憑著製造及銷售比其他同行更高品質鋼鐵的明確目標，而成為全國最富有的人之一，並且有能力在全美國城鎮中捐款蓋圖書館。

他的明確目標已不是一個願望而已，它已形成了一股強力的慾望，只有發掘出你的強烈慾望才能使你獲得成功。

認識願望和強烈慾望之間的差異是極為重要的。我們每個人都希望得到更好的東西如金錢、名譽、尊重——但是大多數的人僅把這些希望當作一種願望而已，如果你知道你希望得到的是什麼，如果你對達到自己的目標的堅定性已到了執著的程度，而且能以不斷的努力和穩健的計劃來支援這份執著的話，那你就已經是在發展你的明確目標。

從明確目標中會發展出自力更生、個人進取心、想像力、熱忱、自律和全力以赴，這些全都是成功的必備條件。

把夢想提升為具體的人生目標

美國公司總裁雷妮女士從小生活經歷比較坎坷，她幼年就失去了雙親，被一名親戚所撫養，但她的監護人卻將她視為一名女傭來對待，她的童年充滿了辛酸。

在艱難的生活之中，雷妮也曾絕望，也曾喪失信心，甚至還有過輕生的念頭。但她還是堅持了下來，她下定決心，以後一定要闖出一番事業，讓自己的子女不再過這種艱苦的生活。

於是，她毅然離開了這個名不符實的「家」，獨自去闖蕩天下，在這之後，她被人笑過，被人騙過，被人拋棄過，但每當遇到困難時，她就會想起以前的生活和對自己定下的人生目標，便一次次地撐了過來。

現在，她終於取得了成功，雖然經過了幾十年長久的奮鬥，但她終於實現了自己的目標。如今，她所創立的公司已在歐洲、中東、亞洲建立了十幾個公司，成了一個小有名氣的金融投資公司。

成功的人生始於策劃。當一個人選擇了對自己的人生進行策劃的時候，基本上可以說就選擇了成功。而假如包括生兒育女這樣的事情能夠採取積極策劃的態度，而不是被自己的慾望牽著走，那麼就已經開始向成功邁進了。

有人認為，其實無論男女，八十%的人的一生都只是平淡度過。事實上，能夠勇敢地選擇成功的人最終其實根本不到兩成，至多也就是芸芸眾生的兩個百分點，也就是說九十八%的人都在選擇失敗。這其中的重要指標就是對於人生的策劃與經營的能力。

成功的人士，無論是在生活中還是工作上，都能夠把這種積極的成功精神一以貫之，彷彿成了他生命的一部分，如同呼吸一樣。

女性心理與形象諮詢中心創始人瑪麗·斯普蘭妮女士常常教育她的員工：「無論如何，一個人要想成功，就必須先制定自己的目標，不管是你終生追求的成就或是一年之後，一月之後甚至明天將要做的事，就應該記住先在心中把它確定。」

她也經常用自己成功的經過來做為例子。

「我以前也是一個很普通的女性，但我看到越來越多的女性渴望成功，而又沒有專家為她們提供諮詢服務時，我就定下了一個目標：一定要建立一個專業女性諮詢服務中心，為那些在迷途中掙扎的女性伸出援手。

「之後我又定了一些小的目標，一步步地做起，先後在歐洲、非洲、中東等地區建立起了我的諮詢公司，如今我很高興我已經基本實現我的目標了。我的感覺就是：這些目標就像是一盞夜航中的明燈，不斷地指引我向前；就像是牽引著我命運的繩索，一步步將我導向成功。」

如果你想成為一個成功者，就一定要預先規劃，確立階段性的明確目標。沒有明確具體的奮鬥目標，你會一事無成，毫無建樹。

每個人的心中都有著無數的慾望和夢想，但是，並不是所有的人都能脫穎而出，成為傑出的佼佼者，這其中的原因大多是沒有將這種慾望與夢想明確為具體的人生目標。夢想是比較模糊的，短暫的，具有強烈的不定性，許多人對自己的未來充滿著憧憬，但也許一夜之間，就忘得一乾二淨，又重新對另一種生活開始幻想起來。而目標能夠幫助你將這種夢想的不定性消除，使你前進的道路變得有序和清晰，每一階段的任務都一層層推開展現在你的面前，讓你知道如何去行動，告訴自己你能主宰命運。

方法二

告訴自己你能主宰命運

那些沒有什麼目標的人，總是感到心裡空虛，思維亂成一團，分不清主次輕重，遇事猶豫不決，不知道自己該做什麼，不該做什麼。只有確定了前進的目標，一個人才會最大可能地發揮自己的潛力。只有在實現目標的過程中，我們才能夠檢驗出自己的創造性，激發出沉睡在心中的那些優異、獨特的品質，才能鍛鍊自己、造就自己。

LET THE **DREAM** BEGIN

發現你身上擁有的鑽石

美國賓州著名學府坦普爾大學創始人康惠爾，在演講中曾講述一個農夫的故事：有個農夫擁有一塊土地，生活過得很不錯。但是，當他聽說要是土地裡有鑽石的話，就可以很富有。於是，農夫把自己的地賣了，離家出走，四處去尋找可以發現鑽石的地方。農夫走遍遙遠的異國他鄉卻從未能發現鑽石，最後，他囊空如洗的在一個海灘自殺身亡。

而那個買下農夫土地的人在耕作時，無意中發現了一塊異樣的石頭，他拾起來一看，它晶光閃閃，反射出光芒，是一塊鑽石。這樣，就在農夫賣掉的這塊土地上，新主人發現了從未被人發現的鑽石寶藏。

這個故事是發人深省的，康惠爾悟出：財富不是僅憑奔走四方去發現的，它屬於那些自己去挖掘的人，只屬於依靠自己的土地的人，只屬於相信自己能力的人。

下面的這個故事從另一個角度證明了上述觀點。

在美國西北部蒙大拿州西部邊境比特魯特山邊的達比鎮，人們長年以來都習慣於仰望那座晶山。晶山之所以獲得這個名稱，是因為它被侵蝕，業已暴露出一條凸出的狹窄部分，這部分是微微發光的晶體，看上去有點像岩鹽。早在一九三七年，這裡就修建了一條直接越過這塊露面岩層的小徑。但是此後一直到一九五一年，並沒有一個人彎下身子去撿起一塊發亮的礦物質，好好地把它觀察一下。

就在一九五一年，康賴和湯普生看見一種礦石的標本陳列於這個小鎮，感到十分興趣。他們看到礦物展品中的綠玉標本上，附有一張卡片，說明綠玉可用於原子能探索，便立刻在晶山上立柱，表示所有權。湯普生把礦石的樣品送到斯波堪城的礦務局，並要它派一名檢驗員來察看一種「儲量巨大」的礦物。一九五一年的下半年，該礦務局就派了一部推土機上山採取礦石樣品並進行成份分析，認定這裡是極有價值，而且是世界最大的鐵的儲藏地之一。

這些故事告訴我們生活的最大祕密——在你身上就擁有鑽石寶藏，就是你的潛力和能力。你身上的這些鑽石足以使你的理想變成現實。你必須做到的，只是更好地開發你的「鑽石」，為實現自己的理想，付出辛勞。只有傻瓜才會捨棄眼前生活，而去虛無飄渺的遠方，做好高騖遠，不著邊際的追求。只要你不懈地挖掘自己的鑽石寶藏，不懈地運用自己的潛能，就能夠做好你想做的一切，就能夠成為自己生活的主宰。

無論你身處何境都是自己的選擇

多年前的一天深夜，金拉克從阿拉巴馬的伯明罕驅車前往密西西比的梅迪安。他必須在第二天一早趕到梅迪安。由於路未修好，金拉克只好把車開進服務站求助。值班者告訴他一條最佳路線並給他畫了張圖。值班者說只要按他說的走，就確保能提前到達梅迪安。金拉克完全按他的指示開車，但一小時後，金拉克發現離梅迪安比他問路時又遠了四十五英哩——很顯然是有人給他指錯了方向。

是不是有類似的事情在你身上也發生過？如果你身無分文，灰心喪氣，家庭和事業上都很不順心，我相信這一定不是你願意的——也許正是有人為你指錯了路，而導致你感到沮喪。

一位哲人所說：「無論你身處何境都是自己的選擇。」是啊，你固然可以偶爾讓別人為你指一下路，但你為什麼不再用羅盤校對、確認一下呢？

我們往往把失敗歸罪於客觀世界，而不願意作內心的反省。你為什麼無法成功？你應該仔細思考這個問題。許多人都曾經想過它，得到的結論幾乎相同：「條件有限！」因為條件限制，許多人就這樣認定自己難以改善命運。內心的消極情緒占了上風，自己選擇了失敗的宿命。

縱觀歷史上眾多的成功者，你會發現，許多人開始對甚至比你起步的條件更糟，但他們成功了。原因是他們有成功的願望。林肯認為：「一個人決定實現某種幸福，他就一定會得到這種幸福。」成功的條件只需要有一個，就是：你希望成功，並始終相信自己會成功，永遠都不停止努力！

假如一個成功的華爾街投資理財人員，決定要到英格蘭鄉下當一名農夫呢？他可能會是一名成功的農夫。

假如一個大公司經理級的人才，決定轉行自己經營一份小生意、或一間家庭式旅館呢？相同地，無論他決定做什麼，都很可能成功。

假如一位領有執照的會計師，決定從事神職工作？或者一名牧師想做技工？如果這真是他們衷心企盼的事情，那麼我的建議是：做出改變的決定。

現在的生涯、眼前的工作，不見得就比下一個好。成功的定義與方向在於你想要什麼，而這個願望隨時可能改變，因此你對成功的定義也可能會有所不同。

同時，你必須認清一件事：你可以比你想像中擁有更多選擇。人們常常陷入抉擇的困擾中，誤以為自己只有二、三種選擇、或僅能在自己所想的選項中做出決定。但事實上，在任何情況下，我們都有無數的選擇，包括我們未曾想過、或從來沒有人想到過的各種可能性。

在追求夢想的路上，你可能會無意中發現一個機會，突然間它就呈現在你的面前，你接不接受呢？先評估它，就像你面臨其他選擇時所做的一樣，這到底適不適合你、是不是你真心想要的，或只是路途上的一個阻礙。無論如何，你有權選擇。正如我們一直鼓勵你勇敢追求夢想一樣，我們也希望你敞開心胸、接受各種可能，不要錯過更新、更好的夢想。

當你小學一年級的時候，你無法想像自己高中畢業時會有什麼機會，但機會隨著時間的過去而逐漸增加。上大學的時候，你也不能想像自己會擁有今天所有的一切機會。當你追求夢想、為目標努力的時候，機會自然就會出現。

這就是夢想和目標的力量。它們引導你發覺下一個更新、更好的目標，使你擁有更開闊的眼界。當你看見新的目標時，不要駐足不前，要全力朝新的方向衝刺。

你該如何辨別這個新目標究竟是個潛在的危機，還是一個值得追求的新方向呢？檢查一下你對它的企圖心有多強烈？這真的是你想要的嗎？它是不是此刻你在生命中最渴求的事情呢？這個新的夢想能持續多久？它會不會增長、還是幾天之後就會消失的一個念頭呢？你對這個夢想看得比上一個更清楚嗎？

接著再客觀地審視這個目標。它是不是符合你對自我以及你與生俱來的使命的認知？它是否違背了你所信仰的真理？如果這個新的夢想和你的價值觀背道而馳，那麼這個夢想也不會長久。

給你的夢想一點時間，它可能會有新的發展。

及早制定個人基礎計劃

一般人認為成功者必定有其特殊的才能或高人一等的智商，其實並不然。因為才能與成功之間的關係是微乎其微的，愛迪生有句名言：「天才是九十九％的努力和一％的靈感。」

在選美競賽上，眾人矚目的總是美麗的面孔，婀娜多姿的體態。外在美是選美取決的標準，可是也有人相信內在美的煥發才是選美最重要的條件，而且這樣的理念也得到證實了，至少在美國小姐唐娜・雅瑟身上，世人見識到內在美獲得認同的實例。

唐娜出生在阿肯色州的一個小鎮上，她的青春期就像大多數的青少年一樣，生澀、害羞，對自己的將來不知所從。那個時候她想像自己是隻醜小鴨，並不是選美的皇后。可是唐娜有一些遠比外在的美麗更重要的特質，她的氣質清新，台風穩健。從審美的角度來看，她是一塊璞玉，稍加琢磨就能大放異彩。至少她相信這一點。

她決定要把自己的內在美表現出來。她去練健身，學習儀態，然後報名參加選美比賽。那一場比賽她沒進入決賽，可是唐娜並不灰心，接著又參加了好幾場比賽，直到參加過十六場選美比賽之後，她終於當選阿肯色州小姐，然後又成為美國小姐。以後她帶著同樣那一份自然芬芳的內在美，以及辛勤努力的工作，踏入娛樂界，目前她已是一個出色的藝人，擁有自己的節目。

對我們每個人來說，這個故事透露的實在是一個好消息，因為每個人都擁有同樣芬芳的內在美。最重要的是去找出自己的內在美，把它表現出來，你不見得會是另一個選美皇后，可是它能使你成為人生的贏家。

照這樣說來，其實每個人都具有成功者的資格，亦即在起跑點上是一樣的，至於起跑後的差距則是日積月累發展出來的。雖然每個人都有獲得成功的機會，但是結果如何，完全要看個人的本事了。

你為什會存在於人世間？

是為了要把隱藏的才能展現？

是為了要把隱藏的光芒閃爍於世間？

或者為了追求一種屬於自我的理想人生？

正如一位著名心理學家所說：「其實，每個人的出生都是為了成為一個成功者。」事實不也是如此嗎？如果你感到對這一點認識還不夠深入的話，下面的這個故事對你或許有所啟迪。

一百多年前，美國費城的六個高中生向他們仰慕已久的一位博學多才的牧師請求：「先生，您肯教我們讀書嗎？我們想上大學，可是我們沒錢。我們中學快畢業了，有一定的學識，您肯教教我們嗎？」

這位牧師名叫康惠爾，他答應教這六個貧家子弟。同時他又暗自思忖：「一定還會有許多年輕人沒錢上大學，他們想學習但付不起學費。我應該為這樣的年輕人辦一所大學。」

於是，他開始為籌建大學募捐。當時建一所大學大概要花一五〇萬美元。

康惠爾四處奔走，在各地演講了五年，懇求大家為出身貧窮但有志於學的年輕人捐錢。出乎他意料的是，五年的辛苦籌募到的錢還不足一千美元。

康惠爾深感悲傷，情緒低落。當他走向教堂準備下禮拜的演說詞、低頭沈思時他發現教堂周圍的草枯黃得東倒西歪。他便問園丁：「為什麼這裡的草長得比別的教堂的草來得差呢？」

園丁抬起頭來望著牧師回答說：「噢，我猜想你眼中覺得這地方的草長得不好，主要是因為你把這些草和別的草相比較的緣故。看來，我們常常是看到別人美麗的草地，希望別人的草地就是我們自己的，卻很少去整治自家的草地。」

園丁的一席話使康惠爾恍然大悟。他跑進教堂開始撰寫演講稿。他在演講稿中指出：我們大家往往是讓時間在等待觀望中白白流逝，卻沒有努力工作使事情朝著我們希望的方向發展。

「我們常常希望別人的草地就是我們自己的，卻很少去整治自家的草地」。多麼發人深省的話呀！我們為什麼不整治好「自家的草地」呢？該如何整治？如果你還沒有具體的「整治計劃」，現在就應該考慮著手制定了！

瞭解成功的三大法則

登山專家羅傑斯在一次演講中，說：「我看過許多教人如何成功的書，也聽過不少人的成功經驗談。我自己歸納出一個最簡明的法則，要想成功，只需記住這幾句話，知道你在做什麼，喜歡你做的事，相信你做的事。」

▼知道你在做什麼

這點與一個人的知識高低無關。在資訊爆炸的現代，活到老學到老，是每個人都必須知行的人生哲學。新的知識不斷出現，舊的知識不斷被翻新，如果你在學校所受教育為學習的終點，你當然會落後。

如何在這個瞬息萬變的時代裡找到自己的立足點呢？今天的社會，已不容許你準備周全之後，才踏入人生的戰場，我們必須邊學邊付出，現學現用。成功不是一個定點，而是一段旅程，你必須一站一站往前走，一旦停在原地，成功的列車便離你遠去。

孩子搭乘火車時，往往覺得十分驚奇，為什麼看似在眼前的地平線，永遠沒有到達的時候？事實上地平線只給了我們一個方向，讓我們眼光放遠，繼續向前走。只要你能堅持向前，不怕路上的困難，你就經得起千錘百煉，變得堅強而勇敢。

光知道如何在今天的社會中生存是不夠的。工業、經濟與社會結構都在改變，你最需要的不是目前擁有的知識與能力，而是求知的精神與自我提升的意願。

現代社會是個分工社會，如果你不能在某個範疇有專精的知識，你的競爭能力就會薄弱許多。許多人擔心花太多的時間在一項專門的知識上，會使得眼光日趨狹隘，知道的事情也會受限。

這種觀念其實似是而非。這是一個媒體十分發達的時代，知識來源愈來愈豐富，專家也愈來愈多，與其讓自己在各領域中如蜻蜓點水般，只獲取一點粗淺的概念，還不如藉各種媒體，吸收專家的知識。反過來說，你自己也可以是行家，你也可以把你的專業知識貢獻出來，滿足現代人的求知慾。

林肯曾經說：「我年紀愈大，愈能深切體會到世界上只有一種財富，一種可信賴的東西，那就是你自己的能力。」他補充說，「一個人的能力是以知識為基礎，逐漸發展而成的。」

一名足球守門員，在一場冠軍爭霸賽上，因為判斷錯誤漏失了一個球，使他的球隊吃了敗仗。這名守門員在屋子裡待了三天，才有勇氣面對現實。他上街去剪頭髮，理髮師談起那場球賽，說：「我研究那場球三天，如果我是你就不會犯下那個錯誤。」

球員說：「如果我有三天來決定，那我也不會犯錯。」

的確，在這個競爭激烈、千變萬化的社會上，我們通常沒有足夠的時間來考慮。不過，今天的世界已不容許任何人憑藉一點膚淺的知識，或者仗恃個人的小聰明，就想成就大事。你必須知道你的長處與短處，知道自己該如何向前走。

▼喜歡你做的事

光有知識，就算再專業，都不足以保證你的成功。你不僅該知道你在做什麼，還要喜歡你做的事。你為什麼工作？除了賺錢之外，工作應該能帶給你某種滿足。每個人都樂於跟樂觀的人一起做事，你必須愛你的工作，享受工作帶給你的樂趣，才能成為一個樂觀的人。

怨天尤人的人，喜歡給自己找藉口，把自己的不得意全怪在別人身上。人往往忘記自己擁有的財富而只看到自己沒有的部分。不知足，也就永遠沒有停止抱怨的時候。讓我們給自己較大的生命空間吧。每天醒來，發現自己還健康地活著，就是一件值得慶賀的事。讓我們多看看自己擁有的東西，愛你的工作，不去一直抱怨。

▼相信你做的事

有個人打電話給朋友，請他到家裡玩。「不要帶禮物來，只不過是個小小的生日宴會，只有幾個好朋友。」朋友問他如何前往，他解釋了路線，下車後該如何走，然後「用手肘按門鈴，我馬上就來為你開門。」

「為什麼要用手肘按門鈴呢？」朋友問。

他回答：「是我的生日，我想你不會真的空手來。」你喜歡這種口是心非的人嗎？如果你自己都不相信你自己的話，怎麼能要求別人相信你呢？

你的行為比你的言語更使人信服。不要做太多承諾，先實踐再說吧。如果你想說服他人，用言語是不夠的。讓他們知道你的想法並不夠，必須讓他們瞭解你的信念和感覺。如何做呢？用行動、用經歷、用作品，所有你過去的記錄和個人言行舉止，都是別人判斷你的標準。

歷史上的偉人莫不具有堅定的個人信念，他們對信念的堅持往往讓人印象深刻，他們追求個人信念的熱忱，也往往是他們成功的關鍵。如果你要尋找一盞照亮前程的明燈，應建立個人的目標與信念，不計一切去達成。

文字、語言或許可以塑造一個人的心靈，但是沒有堅定的信念支援，再多的語言都又是空話。有些人特別容易取信於人，別人都樂於相信他們的承諾，關鍵不在於他們的語言特別具有魅力，而是他們一向言行一致，因此有良好的信用基礎。

有的人尚未嘗試，就洩氣地告訴自己，「他們不會相信我的，他們不會接受我的。」

一個不相信自己、不敢給自己機會的人，如何要求別人相信他，給他機會呢？

這個世界像一面鏡子，你的思想、信念和熱情，都反映無遺。如果你缺乏信心，沒有熱情，別人也會對你缺乏信心，並且無法熱情地對待你。

人的心靈與夢想可以在無限的空間中翱翔，唯一限制你的，是你自己的個性，如果你劃地自限，便不會有人跨過界來救你。

真誠地做人，完成自己的職責

▼擺脫面具，不要嘗試去扮演自己以外的角色

無論到了什麼時候，我們能夠送給世界的最好禮物就是真實的自己。越能夠做自己，你對生命的體驗就越深刻。要想擁有簡潔的精神，我們就要記住，永遠不要嘗試去扮演自己以外的其他角色，任何想過簡單生活的人必須讓自己活出自己，最好的方法便是大聲說出你的想法。我們必須說出生活的真相。

可是，我們在成年以後總是在壓抑——不要大喊大叫，不要太坦率太天真了。我們所受的教育告訴我們只說可以被接受的話、聽起來很聰明的話；只有那些教授認為有價值的書；從來不要信仰大學教授不承認的言論。因此，看起來做一個真實的人並不容易，有時候，它常常不能給人滿意的回報。在人類關係中，率直和純真總是含著冒險的成份。於是，我們忍不住並且是不知不覺地設計了一副面具，以避免坦誠相見可能帶來的傷害。

我們都有過這樣的故事。在生活中都有那麼一刻，我們決定了自己應當發掘一個假裝

為我們自己的樣子。在壓力下隱藏真實的自我可以一直持續到成人生活，並且其程度往往有增無減。仔細想想：一天之內，你共花了多少時間對你的上司點頭哈腰，對你的同事報以虛假的微笑，而你真正心裡想著「那些傢夥都是笨蛋」？

戴上面具是為了遮掩我們所擔心的、自身的不可愛。面具、虛偽等各種不真實是用來向別人表露我們希望別人看見的自己，並且藏起我們不敢揭示的自己。在公共場合你總得扮演一個角色，假裝自己是什麼、不是什麼。上帝會禁止你在工作中永遠擁有這份堅強。如果你表露它們，一定會讓別人大吃一驚。

你穿的衣服並不能代表你是誰，但是可以標明你的地位。你必須完全看似你沒有真正的生活，衣服不能皺，夾克上不能有狗毛，每根頭髮都必須整齊。

很顯然，越是「成功」的人，自我的成份就越少，就越是做作。我們的衣服變成了「成功」的制服，我們的言論成了一連串聚會的一部分。我們的地位越高，揭示自我的困難就越大，說實話的困難就越多。

對自己的誠實並不複雜，只要你敢於擺脫既定的社會模式，避免陷入文化的陷阱，把追尋真實作為唯一的目標。能夠真實地面對自己，我們就達到了真實的標準。我們的個性是真實的、可信賴的，所以值得信任。當我們相信自己的時候，就可以自由自在地發展我們的本性了。

以個人成長的眼光來看，真實是至高無上的。如果從來不認識真實的自己，我們怎麼能超越原本的自己呢？我們要做的就是發掘出真實的自我，說出和表達出我們的真實感受，然後把這些想法和行動統一起來——成為我們自己。

▼在自己的生活範圍內完成自己的職責

職責貫穿於每一個人的一生。從我們來到人世間一直到我們離開這個世界，我們每時每刻都要履行自己的職責和義務——對上司的職責和義務，對下屬的職責和義務以及對同事的職責和義務。

凡是有人生存和活動的地方，都有我們人類應盡的職責，職責和義務與人們的生活是不可分離的。我們每一個人，不論尊卑貴賤，男女老少，都只是一名普通的人，為了我們自己，也為了他人的幸福，我們應該利用上天賦予我們的一切手段和能力來履行自己的職責。

真正成功的人生，不在於成就的大小，而在於你是否努力地去實現自我，喊出屬於自己的聲音，走出屬於自己的道路，持久而良好的職責觀念是每個人應具備的最起碼的品德，也是一個人的最高榮譽，因為每一個高姿態的人都必須靠這種持久的職責觀念來支撐。沒有持久的職責觀念，人們就會在逆境中倒下去，在各式各樣的引誘面前把握不住自己；而一旦一個人真正具有了牢固而持久的職責觀念，最軟弱的人也會變得堅強，在逆境中會勇氣倍增，在引誘面前能不為所動。

傑麥遜夫人說：「職責是把整個道德連接起來的工具；如果沒有職責這種工具，人們的能力、善良之心、智慧、正直之心、自愛之心和追求幸福之心都難以持久；這樣的話，人類的生存結構就會瓦解，人們就只能無可奈何地站在一片廢墟之中，獨自哀嘆。」

職責感根源於人們的正義感——這種正義感源於人類的自愛，這種人之自愛之情乃是一切善良和仁慈之本。職責並非人們的一種思想感情，而是人的生命的主導原則，這一原則貫穿在人類的全部行為和活動之中，受制於每一個人的道德良心和自由意志。

一個人的道德良心表現在他所履行的職責之中。如果沒有道德良心來對一個人的行為舉止加以規範的話，那些才智逼人的天才之士也完全可能誤入歧途，變得一無是處。只有道德良心才能匡正一個人的行為，只有一個人自己的意志才能使他自己變得誠實和正直。因此，良心是心靈聖殿中的道德統治者——它使人們的行為端正、思想高尚、信仰正確、生活美好，只有在良心的強烈影響之下，一個人崇高而正直的品德才能發揚光大。

沒有堅強意志的支援，良心也不可能把自己的作用充分發揮出來，任何人的意志都可以在正道與邪道之間自由選擇，但如果沒有與之相應的決定性的行動，任何選擇都是純意識上的，不會產生任何現實的效果。如果一個人的職責觀念很強，行為過程又十分明確的話，在良心支撐下的頑強的意志就會促使他沿著既定的方向勇往直前，百折不撓地去達到自己的目的。萬一最終失敗了，人們也可以因為自己盡了職責而問心無愧。

我們每個人都必須在自己的生活範圍內完成自己的職責。在一切快樂中，最真正的快樂來源於對生活職責業已完成的意識。而且，這種快樂是最令人滿足的，是最不可能讓人後悔和失望的。

使你的心靈達到有效目標

在你的大腦中央有一個很小的羅盤，它幫助你達到目標。正像領航員在茫茫的大海中指引目標朝港口前進一樣，你可以在回到自我以前，在你的內心的廣闊空間發現你自己的財富。大腦不僅自動地幫助你解決問題，而且使你調節自己，適應生活，對自我行為指出方向。

美國心理學家馬爾茲把這一過程叫心理控制，即是說，使你的心靈達到有效的目標。這並不是說人是機器，相反的，人是控制他自己的機器。

在生活中我們不僅有成功，而且還有失敗。如果你回憶起過去的成功，就會喚起今天成功的信心。如果你回憶起過去的失敗，就會毀掉自己。

▼爭取機遇

忘記過去的錯誤，一切重新開始。

今天是爭取機遇的日子。我們都是脆弱敏感的人。自我失敗和他人的行為往往容易傷害我們。然而，生活的意義在於今天，我們的機遇在於今天，要像嬰兒抓住母親那樣爭取機遇。每一天都是挑戰。你應該發揮自己的最佳優勢迎接這種挑戰。你應當走向世界，制定目標，瞭解目標的局限，選擇自己的最佳方案，然後見之於行動。正是每一天這樣的目標，這樣的機遇養成了我們達到這些目標的習慣。

爭取這樣的機遇就要克服消極的情緒。消極的情緒與沒有目標是一回事。

目標是慾望。你一旦感到這種慾望，就會產生一種動力。要堅持完善自我，在答案面前，不能說不。

▼行使成功的權力

也許，一進入這個龐大的世界，你會號啕大哭。但這樣的哭喊在今天是無濟於事的。你除了目標外，還應培養自己達到目標的決心。怎樣行使這樣的權力呢？首先，你應該充實這種感情。其次，你還應建立起成功的信念。

▼直接追求你的目標

如果你感到伸手摘別人樹上的蘋果是小偷的行為，那麼成功則是你自己的樹。你應該有這樣的權力。

▼瞭解你真正的潛力

你應該真正瞭解自己的內在潛力，瞭解自己的個性，瞭解你過去，瞭解你現在和將來可能要做的事。這是力量，這是你內在意識的覺醒。

▼勇氣

你一定要有勇氣，否則，你不會有目標。如果失敗了，就要有勇氣增強自己的力量，堅定自己的信心。從根本上說，生活是冒險；要舒暢地生活，就要有勇氣克服感情上的種種無常，不懈地追求自己的目標。

勇氣就是說和那些能與你分享勇氣的朋友談自己的希望，談自己的痛苦。它意味著走出自己的內心世界，把勇氣給予別人。它要求悔過自新，重整旗鼓。即便在你面前荊棘叢生，你也要不懈地追求你的目標。有時儘管你脆弱，因為你是人，但在別的時候，你卻是高山的岩石。你一旦下定決心，決不會輕易放棄。

勇氣意味著一種期待感在催促你。你在探索追尋自我未知的一面。你的希望不是被動的；你的動力催促你前進。

▼勇敢地跨越障礙

光有目標並追求目標還不夠。前進的道路坎坷不平。

一位出色的運動員，曾多次獲得獎牌。他的朋友十分羨慕他的體育才華。一位朋友為他在一家保險公司找了一個推銷員的工作。他接受了，但做得不好。他像許多朋友一樣，結了婚，有了孩子，但推銷員的工作無法發揮他運動的特長。他覺得苦悶，大學時代，他靠自己堅忍不拔的意志克服了種種障礙，成了一名出色的運動員；但他忘了用同樣的方法克服保險上的障礙。

在一次聚會上，他見到了大學時代的同學。他們鼓勵他再去從事跑步運動，他借了一雙運動鞋，試了一下，結果，他摔斷了腿。

他的腿裹上了一個多月的石膏，這段時期他重新評估自己。他責問自己，既然老了，又缺乏練習，幹嘛還去賽跑？他回憶起過去，回憶起當賽跑時克服的困難，先要有方向，然後練習，再練習。但為什麼跨不過生活的障礙，跨不過銷售保險的障礙呢？他為什麼不能再次奪標呢？

拆掉了石膏後，他用過去當運動員時的幹勁銷售保險，實踐再實踐。他成功了。

▼努力實踐

追尋目標，要付出巨大的努力，要有努力實踐的強烈慾望。你要改變自己，增強自我形象，擴大新的視野；你應該讓生活充滿新的意義。

追尋目標、努力實踐就要充分發揮你的想像力、創造力。也許，你感到焦慮，但不能讓焦慮毀掉你。相反，你應該有效地利用焦慮，它會使你堅持不懈。

努力實踐意味著明確的理性思維，充分發揮自己的創造才能，追求目標。早晨，你醒來，制定一天的目標：努力實踐。這是一個良好的開端。

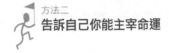

▼勇往直前

你不能生活在你的昨天。也許，你的童年絢麗多彩，值得流連忘返，然而，你不可能重新回到童年，人不能活在過去。你應該前進，走向世界。這個過程就是你成長的過程。因為你不願迴避，拒絕隱藏；你告訴自己，你不是囚犯。

前進中你也許發現自己在摸索，在探尋，在冒險。生活中的風風雨雨是人之常情。你的探求是明智的，一定富有創造力。在對自己探求，你胸有成竹地去行動。你充滿著信心和慾望，充滿著自我尊嚴。「你有翅膀」是的，翅膀。這是信心的翅膀，它幫助你飛向你的目標。

▼不斷進取

制定目標，達到目標，我們發現自己在不斷進取。拒絕用我們失敗的自我毀滅來破壞自己。我們應該時時回憶我們自己走過的路。

不要在毫無意義的圈子中打轉，要堅韌不拔，不斷進取，追求有價值的目標。美國著名小說家德萊塞就是一個例證。

德萊塞是一個偉大的小說家，也是美國小說史上的巨人。然而就是他的小說迷也說他是一位笨拙散漫的作家，他的風格令人難受。文學批評家視他為洪水猛獸，他拙劣的文風都快讓批評家們把他趕出巨人之列了。

然而，他們又承認他是文學上的巨匠。為什麼？因為德萊塞是一位充滿感情的作家。他全心寫作，不斷進取。他熱愛寫作，沒有寫作，他無法活下去。一旦寫了起來，他就放不下。他用心寫作他把自己一切的所見所聞全部融會於小說。他用感情，用自己的熱情追求自己的目標——創作小說。他從來不會讓批評家阻攔自己，他甚至爭取了一批評論家。

儘管他們攻擊他的文風，但他們又不得不把他列入出類拔萃之輩。因為他們不能沒有他真誠的呼吸，他們不能沒有他浸透每一頁的情感，他們由衷地欽佩他對人物、對人們的感情、對使他驚心動魄的世界充滿著無限的熱情，正是他成功之處。

把「成功者的十種特質」灌輸到你的生活中

美國人類行為學家丹尼斯・維特利博士說：「真正的成功，是個人在自己長處方面的追求，不是去打敗別人或者是使別人遭受損失而自己去攫取。成功就是在一種友愛、互助、充滿社會關心和責任的環境中給予和獲取。」他還具體指出成就大業者應具備的十種心理特質。這十種心理特質是：

▼自我察覺

大多數的成功者具備靈敏的自我察覺。他們能察覺到周圍事物的細微變化，更能察覺到由於遺傳和環境給自己造成的缺陷，也能察覺到大量對他們有益的事物。現實的自我察覺就是自我誠實。成功者不但對自己的潛力是誠實的，而且對要達到的目的應付出的時間和努力也是誠實的。

▼自我尊重

自我尊重是成功者所具備的一種非常重要和最基本的品德。成功者有很強的自我價值感和自信心。「我願意成為我自己，而不願是歷史上任何的人。」這是成功者的正面的自我肯定，它是發展自我尊重的重要部分。自我尊重中很重要的一個方面是自我接受，心甘情願地成為自己。

▼自我控制

成功者的自我控制是主動的，而失敗者的自我控制則是被動的。成功者認為自我控制的同義詞是自決，他們相信「因果」關係，相信生活是「做你自己的事」並認為在許多事情自我控制有掌握自己命運的含義。他們堅定地坐在駕駛的位置上，控制著自己的思想、日常工作、目標和生命。自我控制的意思就是對我們的思想、資質和能力的發展，有一個最好的支配，能夠安排好一生的時間。

▼自我實現

在生活中，成功者是那些有強烈的自我實現的人。他們有奔向他們所制定的目標的能力，或是他們有扮演他們想去扮演的角色的能力。他們現實的自我實現有兩個來源：

第一、他們個人的和現實的自我期望。

第二、他們的自覺是，當畏懼和願望同在心中時，畏懼是有害的，而願望使他們通往勝利、成功。

▼自我期望

成功者期望成功。他們懂得，所謂的「運氣」是準備和察覺的結合，期望成功出於三個主要的前提：

第一、慾望，想要成功。

第二、自我控制，懂得成功是由自己創造的。

第三、準備，準備成功。

自我期望使他們做好了迎接機會的準備。生活中的成功者相信自己預言的能力，保持著努力向上的態度，期望一個較好的工作，保持健康的身體，收入能不斷的增加，有熱情的友誼和新的成功。成功者總是把問題看作向能力和決心挑戰的機會。

▼自我意象

所有的成功者都積極地考慮和發揮自我意象。他們表現出成功者的樣子：意識到自己扮演的角色，根據看到的圖畫、體驗到的感情和聽到的語言，進行想像，以此來展示自己的吸引力。行為和表現常常包含著自我意象，自我意象由你全部的感情、畏懼、情緒的反應和目前的經歷所組成。

▼自我調節

生活中的成功者信奉現實的自我調節。他們有著合理的生活計劃，整體目標和任務的明確，每一天的具體工作明確，並且日復一日地努力著，決心達到確定的目標，得到要得到的一切。他們在通向成功的道路上懂得自我指揮。每天的分分秒秒是成功者的時間的結構。簡言之，現實的自我調節的祕密在於建立一個清楚的、具有規律性的目標。

▼自我修養

成功者們進行現實的自我修養。自我修養就是思想實踐，即思想的鍛鍊，樹立新的思想感情、廢棄儲存在潛意識的記憶體中的陳舊東西。任何事物都是可以成為習慣的，自我修養能形成或破壞一種習慣，能在你的自我想像中或是思想中產生一種永久的變化，幫助你達到目標。它反覆的用語言、圖像、觀念和情緒告訴你，你正在贏得每一個重要的個人的勝利。

▼自我範圍

生活競爭中的真正成功者，具有現實的自我範圍，他們客觀地尋求生活中的意義，珍惜每一分鐘，把每一分鐘看作是自己的最後時刻，進而經常地去尋求更為美好的東西，他們的尋求與整個人類活動息息相關。最典型的自我範圍是他們具有贏得別人愛戴和尊重的特質，成功的自我範圍並不意味勝利了就把對手踩在腳下，他會向奮鬥者、探索者，以及堅韌不拔的人伸出援助的手，是相互幫助，而不是相互的利用。他們懂得一個人真正的人生，是懷著熱心和同情去幫助別人生活更美好的時候。

▼自我投射

生活中的成功者是現實的自我投射的典型。你經常能認出一個成功者，當他一走進房間時，就有一種氣氛：他們總是恰到好處地出現，他們具有使人消除敵意的藝術，同時向周圍擴散著吸引人心的超凡魅力，向人們投射發自內心的熱情。

成功者們是易於親近的，作為聆聽者，他們全神貫注地去捕捉你的意思。作為講話者，他們千方百計地讓你聽懂他們所講的內容。他們用實例去探求你的反應，並運用於同樣方式的語言去講解，以便讓你很容易地取得他們的心靈感受。

生活中成功者的心理，為我們引導了一種使自己感到振奮的生活方式。同時，為那些在生活中把你看成嚮導和鼓勵的人們，樹立了一個健康的榜樣。當你把「成功者的十種特質」灌輸到你自己的生活當中時，它們就成為了在個人的成功過程中巨大的動力。

方法三

正確的自我定位

心理學家鮑伯指出：凡失敗者，皆不知自己為何；凡成功者，皆能非常清晰地認識他自己。失敗者是一個無法確定地對情境作出反應的人。而成功者，在人們眼中，必是一個確定可靠、值得信任、敏銳而實在的人。

LET THE **DREAM** BEGIN

用適當的目標鋪設成功的道路

史蒂芬・史匹柏在三十六歲時就成為世界上最成功的導演，電影史十大賣座的影片中，他個人囊括四部。他是怎麼能在這樣的年紀裡就有此等成就？他的故事實在耐人尋味。

史匹柏在十二、三歲時就知道，有一天他要成為電影導演。在他十七歲那年的某天下午，當他參觀環球片廠後，他的一生改變了。那可不是一次簡單的參觀活動，在他得窺全貌之後，當場他就決定要怎麼做。他先偷偷地觀看了一場實際電影的拍攝，再與剪輯部的經理長談了一個小時，然後結束了參觀。

對許多人而言，故事就到此為止，但史匹柏不一樣，他有想法，他知道他要做什麼。從那次參觀中，他知道得改變做法。

於是，第二天，他穿了套西裝，提起他老爸的公事包，裡頭塞了一塊三明治，再次來到攝影現場，偽裝成工作人員。當天他故意避開了大門守衛，找到一輛廢棄的工作車，用塑膠字母，在車門上拼成「史蒂芬・史匹柏」、「導演」等字。然後他利用整個夏天去認識各位導演、編劇、剪輯，終日流連於他夢寐以求的世界裡。從與別人的交談、觀察學習越來越多關於電影製作的知識。

終於在二十歲那年，他成為正式的電影工作者。他在環球製片廠放映了一部他拍得不錯的片子，因而簽訂了一紙七年的合約，導演了一部電視劇。

他的夢想終於實現了。

史匹柏知道他所追求的目標，也知道做法，他善於學習，用適當的目標，為自己鋪就了成功的道路。

找出自己的特長

有些人總是過分重視智力測驗，過分相信所謂「智商」。人的特質是多樣的，怎能以一份智力測驗定奪？儘管你在一次又一次的智力競賽中成績不理想，但在某一方面，你也許可以進行你獨有、特別的創造，使世界為你開啟另一扇窗。

加拿大少年馬文的爸爸是木匠，媽媽是家庭主婦。這對夫婦非常節儉，辛苦的在存錢，因為他們準備送兒子上大學。

馬文讀高中二年級時，一天，學校聘請一位心理學家把這個十六歲的少年叫到辦公室，對他說：

「馬文，我看過了你各學科的成績和各項體格檢查，對你各方面的情況我都仔細研究過了。」

「我一直很用功的。」馬文說。

「問題就在這裡，」心理學家說，「你一直很用功，但進步不大。高中的課程看來你有點力不從心，再學下去，恐怕你就浪費時間了。」

孩子用雙手捂住了臉：「那樣我爸爸媽媽會難過的。他們一直希望我上大學。」

心理學家用一隻手撫摸著孩子的肩膀說，「人們各有不同的天賦，馬文，工程師不識簡譜，或者畫家不會背九九乘法表，這都是可能的。但每個人都有特長——你也不例外。終有一天，你會發揮自己的特長，到那時，你就能讓你爸爸媽媽驕傲了。」

馬文從此再沒去上學。

那時工作難找。馬文替人整理園圃修剪花草。因為勤勞。不久，顧主們開始注意到這小夥子的手藝，他們稱他為「綠拇指」——因為凡經他修剪的花草無不出奇地繁茂美麗。

也許這就是機遇或機緣：一天，他湊巧進城，又湊巧來到市政廳後面，更湊巧的是市長就在他眼前不遠處。馬文注意到一塊污泥濁水、滿是垃圾的場地，便向市長魯莽地問道：「先生，你是否能答應我把這個髒地方改為花園？」

「市政廳缺這筆錢。」市長說。

「我不要錢，」馬文說，「只要允許我做就行。」市長大為驚訝：他還不曾碰到過哪個人做事不要錢呢！他把這孩子帶進了辦公室。

馬文步出市政廳大門時，滿面春風：他有權清理這塊被長期擱置的場地了。

當天下午，他帶了幾樣工具和種子、肥料來到這裡。一位熱心的朋友給他送來一些樹苗；一些老主顧請他到自己的花圃剪用玫瑰；有的則提供籬笆材料。消息傳到本城一家最大的家具廠，老闆立刻表示要免費提供公園裡的長條椅。

不久，這塊泥濘的污穢地就變成了一個美麗的公園：綠油油的草坪，幽幽的小徑，人們在長條椅上休息還可以聽到鳥叫聲和花香。它成了全城人的焦點，人們透過它看到了馬文的才能，公認他是一個天才園藝家。

這已經是二十五年前的事了。如今的瓊尼·馬文已經是全國知名的園藝家。

沒錯，馬文至今沒學會法國話，也不懂拉丁文，微積分對他更是個未知數，但色彩和園藝是他的特長。他使漸已年邁的雙親感到了驕傲，這不光是因為他在事業上取得的成就，而且因為他能把人們的住處佈置得無比舒適、漂亮。他工作到哪裡，就把美帶到哪裡！

認清你的價值觀

從前有一隻猴子，拿著一把豆子，行走時不小心掉了一顆豆子在地上，牠便將手中的其他豆子放在地上，回頭去找掉落的那一顆。結果，非但沒找到那顆掉落的豆子，回頭時那些放在地上的豆子，也都被雞鴨吃光了。

猴子手中那把豆子，就像每個人能擁有的一切，例如：健康、金錢、聲望、地位、尊嚴、權力、愛情、學歷……。為了一顆「豆子」（學位、權位、愛情……）而把其他放棄，這樣做，到底是因小失大、愚昧無知，還是有其可取之處呢？多數人可能認為猴子的做法是愚笨的，但有人卻認為是值得的，譬如有人為了愛情，犧牲了財富、聲望，最後甚至自殺，但是還是沒有得到愛情，你說這是個感人的純情者，還是一無可取的大笨蛋呢？

其實，值不值得最主要的關鍵在於個人的價值觀。不管你所擁有的價值是哪些，它們必然會影響你人生的方向。譬如，一個人若是把自由擺在第一位，而把天倫之樂擺在第二位，由於這兩者的排列太靠近了，因而就常常會掉進難以下決定的窘境。

在生活中不時會看到類似情形，一個人的人生目標是不斷追求各式各樣的傑出成就，可是每當他在某一方面到達頂峰，就會發現自己是那麼的孤獨，迫切想得到別人的關懷。然而當他追求與旁人更加親密的關係時，卻又害怕被情緒套住，失去了原先的自由自在，因而又不敢跟別人走得太近，結果他的人際關係就始終讓人覺得若即若離，這全是他那兩種價值的差異所造成的。

美國心理學家洛特克於一九七三年在《人類價值觀的本質》一書中，提出了十三種價值觀：

1、成就感：提升社會地位，得到社會認同，希望工作能受到他人的認可，對工作的完成和挑戰成功感到滿足。

2、美的追求：能有機會多方面地欣賞周遭的人、事、物，或任何自己覺得重要且有意義的事物。

3、挑戰：能有機會運用聰明才智來解決困難。捨棄傳統的方法，而選擇創新的方法處理事物。

4、健康，包括身體和心理：工作能夠免於焦慮、緊張和恐懼，希望能夠心平氣和地處理事物。

5、收入與財富：工作能夠明顯、有效地改變自己的財務狀況，希望能夠得到金錢所能買到的東西。

6、獨立性：在工作中能有彈性，可以充分掌握自己的時間和行動，自由度高。

7、愛、家庭、人際關係：關心他人，與別人分享，協助別人解決問題，體貼、關愛，對周遭的人慷慨。

8、道德感：與組織的目標、價值觀、宗教觀和工作使命能夠不相衝突，緊密結合。

9、歡樂：享受生命，結交新朋友，與別人共處，一同享受美好時光。

10、權力：能夠影響或控制他人，使他人照著自己的意思去行動。

11、安全感：能夠滿足基本的需求，有安全感，遠離突如其來的變動。

12、自我成長：能夠追求知識上的刺激，尋求更圓滿的人生，在智慧、知識與人生的體會上有所提升。

13、協助他人：認識到自己的付出對團體是有幫助的，別人因為你的行為而受惠頗多。

你一定要知道自己的價值體系是什麼，因為排在最前面的那些價值才能夠把你帶到幸福的人生。當然，要想知道這些最重要的價值，就必須好好把它們排列出來，然後每天的所作所為都得符合這些價值才行，如果你做不到，就必然得不到所想要的人生，甚至過得都是空虛且不幸福的日子。我們卻必須記住，得時時致力於追求價值體系最前面的那幾項，因為那對我們的人生最重要。

針對以上十三種價值觀，我們可以分別問自己以下幾個問題：

1、我重視的價值觀是什麼？

2、我所標示的這五個價值觀是我一直都重視的嗎？如果曾經有改變，是在什麼時候？

3、有哪些價值觀是我父母認為重要的，而我卻不同意呢？有哪些價值觀是我和父母共同擁有的呢？

4、價值觀的改變是否曾經改變我安排生活的方式？

5、我理想的工作型態與我的價值觀之間是否有任何關連？

6、我是否因為誰說的一句話或某件事情，例如考試的成績，而對自己的價值觀感到懷疑？

7、以前我曾經崇拜哪些人？他們目前對我有什麼影響？

8、我的行為可以反映我的價值觀嗎？例如重視工作的變化、成長與突破，你會選擇單調枯燥、一成不變的工作嗎？你會在爸媽的期許下，選填志願嗎？

以上八點，是瞭解價值觀的基礎。這些問題的回答並不容易，也不是短時間就能有完整的答案。因為價值觀的顯現有時候像是調皮、好動的小孩不好掌握，動向不明；有時又像是個文靜高雅的淑女，沒有明顯的動作，但卻是人們注意的焦點。

價值觀可以是很明顯、清楚的，例如對金錢的重視或不重視。但是，更常發生的情況是，價值觀伴隨著很多個人主觀、莫名、甚至無法解釋的情緒因素。原本自認為可以灑脫不在乎的，當情況發生時，才有了失去那部分的失落感與痛苦。

只要澄清自己的價值觀，才能找到掌握方向，獲得前進的動力。

正確的自我定位

這是某廣告公司總經理當年初入廣告界的經過：

在二十歲以前，這位總經理渴望成為一名技師。在學校時，他就很努力地充實自己有關這方面的知識。

有一次，他想賣掉手邊的一架唱機和唱片，於是選出了幾位對這方面有興趣的朋友，分別寫信問他們，看誰願意買。

其中一位朋友看了信之後非常願意購買便立刻回信。在這封回函裡，這位朋友不斷地誇讚他文筆流暢，頗具說服力。因此便建議他，既然能寫出這麼有魅力的推銷信函，為什麼不投入廣告界從事撰寫廣告的工作呢？

朋友的這封信，就像一粒小石頭丟入水中，激起了陣陣漣漪一樣，「投入廣告界立志做個出色的廣告人！」這念頭就此整日盤旋在他腦中。如果我們從另一個角度來看，當他立志要在廣告界一展身手時，他便已經成功了。

有一個人，參加同學會時，突然被要求談一些有關最近盛行的海外旅遊話題。由於這是他頭一次在眾人面前講話，所以話中常有斷續和緊張的情況出現。

但是同學會結束後，其中有一位老同學跑來跟他說：「你所講的內容非常有趣，希望今後有機會能再聽你演講。」

在被這位老同學稱讚之前，他從未想過嘗試在公眾面前講話。於是他開始覺得自己並不是那麼差勁，對自己的演講才能又多了一份信心。現在，這個人已經成為企業管理方面的演說專家了。

人生實在是奇妙，不管我們是怎麼地認定自己，哪怕那種認定是不好的或有害的，最終我們的人生必然會跟著那種認定走。

人生最大的難題莫過於：認清自己！許多人談論某位企業家、某位世界冠軍、某位著名電影明星時，總是讚不絕口，可是一提到自己，便一聲長歎：「我不是成才的料！」他們認為自己沒有出息，不會有出人頭地的機會，理由是：「生來比別人笨」，「沒有高等文憑」，「沒有好的運氣」，「缺乏可依賴的社會關係」，「沒有資金」等等。

每個人都具有特殊才能，既然如此，每個人應該在各方面都能儘量靈活運用自己的這項特殊才能。事實上，偏偏有很多人以為自己所具有的這項才能，只是一些難登大雅之堂的「小玩意兒」，根本不曾妄想過利用這項「小玩意兒」來提高身價。正因為我們怠於思考自己所擁有的才能，所以也懶得活用上天賜予的最佳禮物。

要獲得成功就必須要正確認識自己，堅信「天生我材必有用」，並盡力把自身的潛力發揮到極限。

要樹立正確的自我觀念，正確對待自己、正確對待別人，調整自己在團體中的位置，並能在複雜變化的社會環境中，適時變換自己的角色，按照角色的不同要求，調節自己的行動。確立遠大的理想抱負、優良的敬業精神與自己的奮鬥目標。

現實的自我察覺能使我們自己瞭解自己是什麼樣的人，瞭解自己在生活現實中所扮演的角色、潛在能力和將來要去承擔的角色及要達到的目標。他們從經驗中，或憑藉著洞察力、判斷能力去不斷學習和加深對自己的瞭解，他們在生活中不是單靠體力做事，而是時常動腦筋，避免發生錯誤和糾正不足。他們習慣以最誠實的方式識別一切，他們不欺騙別人，也不欺騙自己。

作為一個正常的人，對自己做人的形象，從自己的身體外觀、品德和才能、優點和缺點、特長和不足、過去和現狀以至自己的價值和責任，總會有一定的認識。然而，自己對自己的這些認識是否符合自己的本來面目和實際情況，各人就會出現許多差異。

有些人容易看到自己的優點和長處，而看不到自己的缺點和錯誤；有些人看到自己很多問題，但卻看不到自己的主要問題；也有些人看到自己的弱點和不足，卻看不到自己的一點長處。

可見人對自己的認識，也和自己對客觀世界的認識一樣，需要有一個瞭解和學習的過程，並不像照鏡子那樣簡單。「當局者迷」也就成了一句發人深省的警語。

另外，在日常生活中，我們也常處於各種不同評價和議論的包圍之中，有人會讚許你、稱讚你；有人會批評你、責備你；甚至還有人輕視你。那麼在各種議論中，究竟哪一個「你」是真實的呢？在投向你的形形色色目光中，你自己能否準確無誤地分辨呢？你是否從這些評價和議論中吸取有益的意見豐富自己、改善自己了呢？還是喪失了自主精神淹沒在他人的議論中呢？客觀地、透明地、正確地認識自己是重要的，下面幾點建議有助於你發現和正確認識自己。

▼孤獨地面對自己

許多現代人總是陷於無窮無盡的日常事務和人際關係中，不能自拔。這使得我們根本無暇去瞭解自己內心的需要，不知道這一切到底是不是我們內心的真實狀態。人際交往中待人接物，你表現得熱情周到，爽朗大方，樂此不疲，而內心深處也許你更想獨自一人看書、畫畫；也許你受當今成功的價值誘惑，硬著頭皮精明強幹，縱橫商場、職場，贏得汽車洋房、躊躇滿志……在紛繁複雜的高速運轉中，我們沒有時間也沒有機會給自己內心的真實自我一個表現的時間。那麼，你不妨給自己放個假，讓自己靜靜，孤獨地只面對一個自己，沒有上司、沒有同事、沒有工作、沒有應酬，看看自己的狀態。

▼試著改變某些習慣

每個人都有很多好的和不好的習慣，這些習慣說不定正是掩蔽你真實個性的癥結。比如你可能經常性的待在家裡看電視，以打發你的多餘時間；你可能習慣於用打麻將的方法排遣孤獨，你可能憂悶之時習慣把自己獨自關在家裡等等……，這些習慣很多並不是你自己的最佳選擇，而僅僅是習慣。如果你要發現你的個性，不防打破這些習慣，發展更多的愛好，以挖掘自己的個性，你如果減少看電視的時間，改成看書，你會發現你並不需要激情刺激，而更喜歡冷靜的思維。你如果把打麻將換成散步，也許你會發現閒適的寧靜正是你的真實個性。衝破習慣的牢籠，也許你會發現另有一個「我」存在於你的心中。

▼不要過分壓制自己

人生不如意事十有八九，生活在現代社會的人也一定有很多不如意的地方。在不如意的時候，不過分壓制自己，有時有助於發現你的個性。

比如，我們有可能在憤怒的時候，一改平日溫順的性格，與上司大吵一場，並因此對自己的行為極為滿意，那麼你會發現，溫順並不是你真實的個性，你其實具有極為強烈的抗爭能力，抗爭精神，並相當有魄力，如果你時時保持這種狀態，你將一改溫順的個性而為一個強烈、有魄力的人，在這種狀態下，你更為愉快和坦然。

個性是需要發現和發展的，人本身具有非常豐富的個性基因，我們要盡可能的挖掘它，發展它，豐富它，使自己成為一個豐富多彩、魅力四射的人。

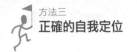

精心規劃未來

一個人要想生活得愉快、幸福，關鍵就在於他優秀的個人目標和良好的工作態度。西班牙一家諮詢公司採訪了五千名經理人員，並對他們取得成就的原因和基礎進行了深入的分析和研究。結果表明，儘管這些人年齡大不相同、專業各異，但他們都有一個共同之處：從整體上來說，凡是那些事業有成就的人，都有一個明確的目標。

人類和其他動物是不同的，也可以說人類是實行計劃生活的動物。人和一般動物的最大不同點，就是人能訂計劃，並運用思考。思想可以使人生美好，換言之，為了使人生更美好，必須有計劃。人生沒有計劃和目標，便會覺得很無趣，像風吹的浮萍一般，隨波逐流。為了成功，你必須及早定立明確的目標，同時，努力實現它。

報紙雜誌經常刊登比較熱門和有前途的事業，許多專家學者也指導大家應該如何準備，如何面對未來的世界，許多年輕人當然受到影響，緊跟在這些傳播媒體、著名人士後面學習。但是這裡需要提醒大家一句，「未來」並非完全可測，哪一種行業比較熱門，哪一門職業比較跟得上時代都沒有絕對性，當然專家的預測大方向是不會偏離太多的。

因此，我們需要有一種心理準備，不論社會如何發展，時代如何變化，我們都應該能努力使自己適應社會，都要能愉快地生活下去，都能在工作中不斷發展、提升自己，這是每個人都必須具備的條件。

不斷制定、調整有利於個人發展的工作計劃也是必要的。心理學家認為：「一個人的一生，總有大大小小的期望。期望是一個人的精神支柱，如果一個人沒有了任何追求，他就很難生活下去。」這話是很有道理的。仔細想一下，你每天都有自己的追求。人的一生可以有各種不同的追求，小到完成一篇文章、存錢買一台電腦、取得考試文憑，大到成立自己的公司等等。

一般說來，最好是建立短期目標、中期目標和長期目標。在工作的不同階段，要對形勢發展進行分析，確定下一步方案。將計劃進程的詳細步驟列出來，可幫助你有效地對付工作或環境等條件變化可能帶來的不利影響。

與你的同事、朋友、上司和家人共同探討、努力，爭取實現每一階段的目標，或者改進計劃，使之更加可行。定立了目標之後，不管目標是什麼，都必須有務必實現的決心，才能稱之為「目標」。定立了明確的目標之後，就要儘快地達成，這是最重要的先決條件。

規劃未來並不能保證將來擺在面前的一切困難和問題都得到解決或變得容易，也沒有可以套用的現成公式。但是它有利於你及早發現和較好解決新難題，比如你是否需要透過培訓來增加某方面的知識，是否考慮調換一下工作崗位或職業等問題。

規劃未來有助於提高你解決問題和調整心理的能力；當你想成就一項事業時，它會告訴你在每一步該做些什麼，怎麼做。雖然無法預見將來社會會發展到什麼程度，也不能預見我們每一個人的命運，但是，按照對未來的規劃有條不紊地循序漸進是最重要的。只要這樣，你才能達到在工作中不斷發展自己的目的。

如何規劃未來？目標定得太低，就無法充分發揮個人的潛力；目標定得太高，就無法實現。必須衡量自己的能力，稍微高於自己能力可做到的程度，那才是好目標。

根據自己的特長來設計目標

實力派明星達斯汀・霍夫曼在「金球獎」的頒獎典禮上接受終身成就獎時，提到一個真實的小故事。

三十年前，有一次，他為《畢業生》那部電影做宣傳，碰巧與音樂大師史達溫斯基在同處接受訪問。主持人問起史達，何時是他一生當中最感到驕傲的時刻？新曲的首度公演？功成名就、掌聲四起？史達一一否認，最後，他說：「我坐在這裡已經好幾個小時了，我一直不斷地在為我新曲中的一個音符絞盡腦汁，到底是『一』比較好？還是『三』？當我最後發現那一個音符的一剎那，是我人生中最快樂、最驕傲的時刻！」霍夫曼說，他感動得當場哭了出來。

如同偉大的作曲家心無旁騖、孜孜不息地尋找一個最能感動他的音符，不管是從事何種行業的人，都必須認識自己的潛能，確定最適合自己的發展方向，否則就很可能會埋沒了自己的才能。

不管是從事何種行業的人，都必須認識自己的潛能，確定最適合自己的發展方向，否則，就很可能會埋沒了自己的才能。日本人種植一種叫「完美」的樹，它雖然只有幾英吋高，卻有著漂亮完美的樹形。在加州，發現了一片高大的紅杉樹林，其中一種叫做「大謝爾曼」的樹，高達二百七十二英呎，樹圍有七十九英尺，它被砍倒後，木料足夠建造三十五幢的房子。「完美」與「大謝爾曼」種子都很小，但長成後差別卻是巨大的，差別背後的故事就是一個生活的教材。當「完美」冒出芽時，日本人將它拔出泥土，除去直根和部分鬚根，故意抑制其生長，最後它就長成了一棵雖然漂亮但是很小的小型植物。而「大謝爾曼」紮根於加州的沃土，吸收豐富的礦物質、水分和陽光，最後長成一棵高大的植物。

「完美」和「大謝爾曼」都無法選擇自己的命運，但是你可以，你可以如你所願成為大的「謝爾曼」或小的「完美」。你的自我意識，也就是你對自己的看法，將決定你走哪條路，選擇權是你自己的。

湯姆遜由於「那雙笨拙的手」，在處理實驗工具方面感到很煩惱，因此他的早年研究工作偏重於理論物理，較少涉及實驗物理，並且他找了一位在做實驗及處理實驗方面有驚人的能力的年輕助手，這樣他就避免了自己的缺陷，努力發揮了自己的特長。珍妮清楚地知道，她並沒有過人的才智，但在研究野生動物方面，她有超人的毅力、濃厚的興趣，而這正是做這一行所需要的。所以她沒有去攻讀數學、物理學，而是進入非洲深林裡研究黑猩猩，終於成了一個有成就的動物學家。

每一個人都應該努力根據自己的特長來設計目標、量力而行。根據自己的環境、條件，才能、素質、興趣等，確定方向。不要埋怨環境與條件，應努力尋找有利條件；不能坐等機會，要自己創造條件；拿出成果來，獲得了社會的承認，事情就會好辦一些。從事科學研究的人不僅要善於觀察世界，善於觀察事物，也要善於觀察自己，瞭解自己。如果你有自知之明，善於設計自己，從事你最擅長的工作，就容易獲得成功。

確立適宜的目標應考慮的因素

所有成功的人生，都有一個突出的特點，與未成功者截然可分。這就是生活的強烈方向性。他們有目標也有行動，知道自己要做什麼，也知道應該怎樣去做。他們確定目標，同時又決定通向那個目標須走的道路。他們的人生是有計劃的人生。

那麼，應該怎樣確立自己的奮鬥目標呢？下面幾個因素是必須考慮的。

任何事只要半途而廢，那前面的辛苦就白費了，唯有經得起風吹雨打及種種考驗的人，才是最後的勝利者。

▼從內在自我實際出發

目標的選擇與確立，是與人的世界觀、人生觀、價值觀緊密地聯繫在一起的。確立自己的奮鬥目標，首先應當認清什麼是自己內心的真實需要，從滿足自己的真實需要出發，確立自己的奮鬥目標。如果由別人來確定你的奮鬥目標或者自己在沒有認清自我的真實需要而盲目確定奮鬥目標，那麼當你為之奮鬥半生時，一旦發現它並不是自己所需要的，它對自己毫無意義時，你就會後悔終生，或者猶如航船失去航向，難以到達成功的彼岸。

從內在自我實際出發選擇事業目標時，還必須把精力集中在一個目標上。不能這山望著那山高，搖擺不定，見異思遷，左右徘徊，興趣廣泛，見什麼愛什麼，見什麼學什麼，最終必然是一事無成。這不能不說是人生的一大悲劇。

▼以重大社會責任感考慮社會的需要

女性和男性一樣都是社會的人，有在這個社會中生存、成長、奮鬥的權利，也對社會承擔著責任。一個人只有把自己奉獻給社會，自己的生命才更具有價值，而一個人只有按照自己的真實需要，充分運用自己的創造力，才能為社會做出最大的貢獻。古往今來，偉大而崇高的人生目標，無不與社會需要相聯繫，無不與國家和社會的利益相聯繫，無不與奮鬥獻身精神相聯繫。

考慮社會需要選擇事業目標時，必須充分瞭解社會需要，能夠預見社會發展變化的趨勢，掌握時代的脈動，高瞻遠矚，具有遠見卓識，不為暫時的利益得失所左右。歷史上很多人失敗的教訓，不在於他們沒有知識和才能，而在於他們沒有遠見卓識，在於他們患得患失，不能跳出狹隘利益的小圈子，缺乏獻身的精神。

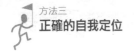

▼把大目標和小目標結合起來

目標分為兩種：一是人生的大目標，即三十年後你希望成為什麼；二是中短期目標，即一年之後你應該做些什麼。而這兩點你都應該有一個明確的認識，並且做出自己的選擇。

人生的大目標是你生活的一個總綱，支援著你大半生，甚至一輩子的工作與生活。人生的大目標都會指引著你渡過一個又一個難關，走向一個又一個的成功。

如今這個世界瞬息萬變，人生漫漫幾十年，誰也無法預料幾十年後自己將會是怎樣一副模樣。情感、事業、家庭，無一不時刻撥弄著我們的心弦，影響著你的生活，尤其是年輕人，更不知如何去預料和把握未來的世界與人生。

在這種情況下，你更應該樹立起一個遠大的目標，這樣，你的人生就會變得明確而有意義，也就不再害怕漫漫長夜，世事的變遷和身世的坎坷。

無法知道自己能否做到最好，就盡力讓自己做得更好。

正如一個龐大的計劃會有許多細節一樣，你還必須制定出中短期的目標規劃，然後踏著這些階石走向成功。

你可以給自己定下一些細小而明確的目標，比如：半年內完成課業上的目標，一年內掌握投資的技巧，三年內升至部門的主管……當這些目標一個接著一個實現的時候，你就會一步步地接近成功。

有了人生的大目標之後，還要有中短期的目標來實現大志，否則，人生的大目標就只是空談，一座海市蜃樓。一個看起來很大的夢想，只要把它化作奮鬥目標，並且分步細化，使它變為中短期的目標，那麼就比較容易實現了。

確立自己的優勢目標

社會工作千百萬種，人的素質與才能千差萬別，每個人都必須能確立自己的優勢目標。女性心理與形象諮詢中心創始人瑪麗・斯普蘭妮女士總結的以下六點經驗可供參考：

▼要全面衡量

設立目標，是走向成功的重大起點，必須配合行動計劃作充分的思考，目標是你行動的指南。否則，你就會走錯路，做無用功，浪費你的寶貴時間和生命。因此，無論如何，你不能在設立目標時草率行事。

設定目標，要在自己的經驗、能力與社會環境條件等方面反覆琢磨，論證比較，一定要把它作為人生最重要的事情來做，切勿草率，否則會貽害自己。

▼大目標盡可能遠大

目標愈高遠，人的進步就會越大。也許很多人都有的一個體會：當你確定只走一公里的時候，如果走完了〇・八公里，你很有可能讓自己鬆懈下來，因為反正就快要到目標了，而且有一些累了，所以慢些也無所謂。

但如果你所確定的目標是十公里，你就會加倍地重視。作好思想準備和其他的完善工作，然後再開始起程。在行進中，你會注意自己的速度、節奏與步伐，不斷地啟動自己的潛在力量。

這樣走了七、八公里之後，你也不會因為累或其他原因鬆懈下來，後面的衝刺還十分重要，一不小心就會前功盡棄，因此，可見設定一個遠大的目標，不僅能夠幫助你掌握自己，還可以最大限度地發揮你的潛能。

遠大的目標使人顯得偉大。所謂遠大的目標，無非是要考慮更多的人更多的事，在更大的範圍裡解決更多的問題，將自己提升到一個更高的層次。

因為你渴望去做一番大事業，讓自己達到成功的極限，這就需要你擁有更多的知識、技能，有些甚至要有所捨棄，在這些過程之中，你會強迫自己不斷地學習，去適應，就會逐漸地變得具備超於常人的知識、能力、胸襟，而結果便是：你將逐漸取得自己的成功，得到旁人的尊敬和認同。

另一方面，遠大目標是你畢生的志向，需要一生的努力，所以，它不可能十分地詳細精確。尤其是對於成功經驗不足的人來說，更是如此，隨著經驗的充足，閱歷的加深，階段性目標的實現，才能對遠大目標有一個完備而清晰的認識。

人生的遠大目標，可以不要求詳細、精確，只要有一個比較明確的方向和大致程度要求就可以了。

▼短中期目標要有挑戰性、可行性

心理學實驗證明，太難或是太容易的事，都不容易激起人的興趣和熱情，只有具備一定的挑戰性，才會使人有衝動的激情。

短中期的目標是現實行動的指南，如果低於自己的實際水平，根本不能發揮自己的能力，那麼，是沒有人願意去做的，即使勉強地做，也不會有很好的成績，說不定還不如普通的人做得好。

但是反過來，如果要做的事要求太高，遠遠超過了自己的能力，不能拿出一個切實可行的計劃，不能在一段時間內顯出成效，也會大大損傷積極性。

那麼適度掌握便是一個關鍵，情況因人而異，個人經驗、素質水準和現實環境的許可是決定你短中期目標的依據。

瑪麗曾用一個譬喻來說明這個問題：就好像修建房屋，經驗不足時，就先建簡單的平房，有了經驗的累積後，便可以建摩天大樓了。如果連平房也蓋不好，就更不要說摩天大樓了。當然，如果有了建大樓的能力，卻還是老是去蓋平房，這項工作便會變得乏味，缺乏挑戰性。

▼短中期目標要有明確性，時效性

短中期目標，或者三、五年，或者一、二年，有的甚至可以短至幾個月。這種短期目標，如果還不明確、具體的話，那就等於是沒有任何目標。

只有具體、明確而有時限的目標才具有行動指導的激勵價值。你強迫自己在一定的時限內完成一定的任務，就會集中精力，激發潛能，調整自己和他人的積極性，為實現目標而奮鬥。否則的話，整日只是懶懶散散地去做一些工作，將一個月完成的事拖到二個月後完成，或是想的只是完成便算交差，時間並不是問題，那麼永遠談不上成功。

▼目標需要調整

不管是遠大目標，還是短中期目標，你把它們設立起來，是為了指導規劃自己走向成功。所以，如果你設立的目標已經不太符合實際的情況，就必須要迅速作出調整和修改，千萬不能將自己定出的目標作為一成不變的教條，以僵化保守的心態來對待。因此，每年至少要作一次檢查校對，對你制定的各種目標做出一些必要的調整修改。

情況總是在不斷地變化，當時制定的目標是在當時的環境條件下形成的，如果環境情況變了，難道你還能死板地固守在同一個目標上嗎？如果你始終僵化保守，你就很難發揮潛能，利用環境走向成功。

▼在實踐中檢討

訂目標是對未來的設計，一定有許多難以把握的因素，如果你不勇敢地進行試驗、實踐，就很難知道目標是否正確。

一個目標是否正確，是否恰當，往往需要在實踐中不斷檢討。對能把握的東西，進行仔細的分析，對還不能把握的東西，就必須先嘗試實踐，再不斷檢討。

方法四

樹立崇高的生活目的和思想目標

美國鋼鐵大王安德魯·卡內基在對柯里商業學院畢業生的演講中說：「我對你們的忠告是：『要胸懷大志。』對那些尚未把自己看成是某重要公司的合夥人或領導者的年輕人，我會不屑一顧。你們在思想上一刻也不要滿足於充當任何企業的高級職員、領班或總經理，不管這家企業的規模有多大；你們要對自己說：『我的位置在最高處。』你們要夢寐以求登峰造極。」

LET THE **DREAM** BEGIN

個性的藍圖越大越好

從前英國，有兩兄弟，老大想到北極去，而老二只想到北愛爾蘭。有一天，他倆從牛津城出發。結果倆人都沒有到達目的地，但老大到達了北愛爾蘭，而老二僅僅走到了英格蘭北端。

這個故事包含的深意是：一個夢想大的人，即使實際做起來沒有達最終目標，可他實際達到的目標都可能比夢想小的人最終目標還大。所以，夢想不妨大一點。

耐迪•考麥奈是第一個在奧運體操比賽中獲得滿分的運動員，他說：「『我是能做得更好一些』，要想當奧運冠軍，你就得有不同凡響的地方，而且你還得比別人更吃得起苦。我不欣賞普普通通、平平庸庸的生活。我給自己確立的生活準則是：不要期盼簡單容易的生活，而要力求做一個堅強有力的人。」

真正的冠軍都深深懂得，任何失敗，不論它有多麼充分的藉口，都比不上成功。「就在一個人覺得不滿意，不舒服和不方便的時候，他才會得到最好的磨煉」，另一位金牌得主彼特・維德瑪這樣說，「每一天，我都將自己要在體育館裡加以完成的訓練列出清單來。如果我的訓練能持續三個小時，那真是好極了！如果我的訓練能持續六個小時，那就要感謝上帝了！如果不把這些訓練完成，我決不會離開。我每天的生活目標就是這樣：在每天離開體育館的時候，我都可以說，我已經盡力而為了。」

一個具有崇高生活目的和思想目標的人，毫無疑問會比一個根本沒有目標的人更有作為，那些志向崇高的人，所取得的成就必定遠遠離開起點。即使你的目標沒有完全實現，你為之付出的努力本身也會讓你受益終生。

人生真的是夢做出來的。越是卓越的人生越是夢想的產物。可以說，夢想越高，人生就越豐富，達成的成就越卓絕。夢想越低，人生的可塑性越差。也就是慣常說的：「期望值越高達成期望的可能性越大。」

把你的夢想提升起來，它不應該退縮在一個不恰當的位置，接受夢想的牽引吧。

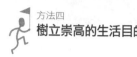

設定超越自我的目標

美國潛能成功學大師安東尼・羅賓說：「如果你是個業務員，賺一萬美元容易，還是十萬美元容易？告訴你，是十美萬元！為什麼呢？如果你的目標是賺一萬美元，那麼你的打算不過是能糊口而已。如果這就是你的目標與你工作的原因，請問你工作時會興奮有勁嗎？你會熱情洋溢嗎？」

幾年以前的一個炎熱的一天，一群人正在鐵路的路基上工作，這時，一列緩緩開來的火車打斷了他們的工作。火車停了下來，最後一節車廂的窗戶被人打開了，一個低沈的聲音響了起來：「大衛，是你嗎？」大衛・安德森——這群人的負責人回答說：「是我，吉姆，見到你真高興。」於是，大衛和吉姆——鐵路的總裁，進行了愉快的交談。在長達一個多小時的愉快交談之後，兩人熱情地握手道別。

大衛的下屬立刻包圍了他，他們對於他是墨菲鐵路總裁的朋友這一點感到非常震驚。大衛解釋說，二十多年以前他和吉姆是在同一天開始為這條鐵路工作的。

其中一個人半認真半開玩笑地問大衛，為什麼他現在仍在豔陽下工作，而吉姆卻成了總裁。大衛非常惆悵地說：「二十三年前我為一小時一・七五美元的薪水而工作，而吉姆他的目標卻是為這條鐵路而工作。」

如果你是一個學生，只為分數而學習，那麼你也許能夠得到好分數。但是，如果你為知識而學，那麼你就能夠得到更好的分數和更多的知識；如果你為做生意而努力，那麼你可能會賺很多錢。但是，如果你想透過做生意來做一番事業，那麼你就有可能不僅賺很多錢，而且會做出一番大事；如果你只為薪水而工作，你有可能只能得到一筆很少的收入。但是，如果你是為了你所在公司的前途而工作，那麼你不僅能夠得到可觀的收入，而且你還能得到自我滿足和同事的尊重。你對公司所做的貢獻越大，就意味著你個人所得到的回報就會越多。

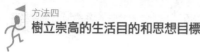

當你問起NBA職業籃球員「飛人」麥克・喬丹，是什麼因素造成他不同於其他職業籃球運動員的表現，而能多次贏得個人或球隊的勝利？是天份嗎？是球技嗎？亦或是策略？他會告訴你說：「NBA裡有不少有天份的球員，我也可算是其中之一，可是造成我跟其他球員截然不同的原因是，你絕不可能在NBA裡再找到我這麼拼命的人。我只要第一，不要第二。」

你或許會感到不解，到底喬丹拼命不懈的動力來源於何處？那是發生在他念高中一年級時一次在籃球場上的挫敗，激起他決心不斷地向更高的目標挑戰。就在這個目標的推動下，飛人喬丹一步步成為全州、全美國大學，乃至於ＮＢＡ職業籃球歷史上最偉大的球員之一，他的事蹟一一改寫了籃球比賽的紀錄。

那天，喬丹被學校籃球隊退訓。回到家，他哭了一個下午。在那個重大打擊下，他原可能就此決定不再打籃球了，可是沒有，他反而把這個教訓轉變為強烈的願望：為自己制定一個更高追求的標準，更高的目標。他的決定出自內心且很堅決，由此改變了自己的命運，也讓籃球比賽的發展為之改觀。

他不僅要重新成為球隊的一員，並且還要成為最棒的。

在升高二之前的暑假中，他找到球隊教練克里夫頓・賀林去尋求幫助，每天在他的指導下進行密集訓練。終於，他被選為校隊參加比賽。十年之後，他更證明了ＮＢＡ芝加哥公牛隊教練道格・柯林斯的見解：準備得越充足，幸運就會跟著來。經常有很多人不願意給自己制定目標，因為害怕失敗所引致的失望，然而他們卻不懂得，「設定目標乃是成功的基石」。

你的目標中必須含有某種能激勵你自我拓展、自我要求的要素，而這些要素也會幫助你不斷成長、改變、進步。

一個真正的目標必定充滿挑戰性，正因為它具有挑戰性，又是由你自己所選擇的，所以你一定會積極地想完成它，換句話說，你的目標不僅是一種挑戰，同時也是激勵你的原動力。

當你列出自己想成為的人、想做的事、及想擁有的東西，又在每一項中圈選出你認為最重要、最具挑戰性事情後，再嘗試找找看其他重要的答案，你可能會需要用不同顏色的筆，在每一項中標示出二、三件對你而言重要的事情。仔細地衡量這些事情，並問問你自己以下的問題：

1、我是否看出其中的連鎖關係呢？這些我所認為重要的事情，彼此間是否存在某種程度的關聯呢？

2、我是否看出三大要項——我想成為的人、想做的事、想擁有的東西，三者之間也有一定的關係呢？

試著找出它們的關聯，最終你會發現在你的生命中，它們緊密地交織在一起，無法分割。你就是你想成為的人，你就是你想做的事，你就是你想擁有的東西。

無論如何，你可以從自己所選擇的重要事項中，發覺其間的關聯性。也許你會在這些關聯中有新的發現，進一步找到發展興趣的新方法，或為自己創造出新的能力及特質。果真如此，那麼你將會在這個過程中，發現自己源源不絕的創造力！

設定超越自我的目標對你人生方向的影響，一開始可能不是很大。那就像航行在大海裡的巨輪，雖然航向只偏了一點點，一時很難注意，可是在幾個小時或幾天之後，便可能發現船會抵達完全不同的目的地。

有限的目標會造成有限的人生，所以在設定目標時，要儘量伸展自己。在這裡，你將會學到如何訂定你的目標、美夢和願望，學到如何能夠保持志向和促成實現。

不知你是否玩過拼圖遊戲？若你在人生中沒有清楚的目標，就好像不知整個面的全貌，胡亂拼湊生命。當你知道了自己的目標，便能在腦海裡描繪出一幅圖畫，讓大腦得以按圖索驥，找到最需要的資料。

有些人似乎經常迷失方向。一會兒向東，一會兒向西；一下子試試這，一下子又試試那；似乎永遠沒有定向。他們的問題很單純，就是他們不知所求的是什麼。如果你也不知道所追求的是什麼，那就永遠不會有擊中目標的一天。

你得先建立個美夢，尤其是得全心全意地去做。如果你只是隨手翻翻，不會對你有什麼幫助。希望你能夠坐下來，手裡有筆和紙，寫下自己未來的目標和計劃。

找一個讓你覺得最舒服的地方，不管是你喜愛的書桌，或是角落裡照得到陽光的桌子，只要能讓你心靜的地方，花一個多鐘頭好好計劃一下你未來的希望。做些什麼？看些什麼？說些什麼？成為什麼？相信這會是你一生中最寶貴的時光。你要去學習如何設定目標和預測結果，你要畫出一張人生旅程的地圖，你要勾勒出自己的去向和行徑的路徑。

在一開始，要先給你一個忠告，就是不要給自己設限。當然，這並不是要你完全?棄常理。或許不給自己設限，會把你的注意力從你最在行的事上移開，不過從另一方面來看，這又何嘗不是幫助你移開可能的限制呢？有限的目標會造成有限的人生，所以在設定目標時，要儘量伸展自己。

唯有你自己去訂定目標，才是唯一能期望實現的方法。

努力從自己的「弱點」突破

阿弗烈德・艾德勒小時候，有天早上醒來，發現他弟弟死在床上，就在他身旁。這個刺激使他下了終生不渝的決心：要當個醫生，和死神搏鬥。

艾德勒行醫之初，偶然發現一些現象，進而使他對人體有重大發現。他解剖屍體時，注意到了以前並沒特別受人注意的種種情況。他發現一具死屍的心臟大得異乎尋常，同時發現一個心瓣堵住，血液不能充足流到肺裡去。那心臟是為了應付這種缺陷而變大的嗎？另一具死屍裡有病的一個腎已經割掉，他發現剩下的那個腎也比尋常的大得多。他又發現一葉肺因為有病而萎縮，另一葉肺就可能變得更有力量。這些健全器官豈不正是想彌補不健全器官所失去的功能嗎？骨頭斷了，會長出厚骨痂，為的是使骨頭比以前更結實嗎？這些現象一再出現，彷彿人體自有其規律：為了自保，本能地以強補弱。

艾德勒進一步研究下去，到各美術學校去測驗學生的視力。結果發現學生七十%以上視力都很差，只不過程度不同罷了。視力既然不好，這些學生為什麼還偏要從事必須用眼的工作呢？他發現這些學生從小就感覺到視力欠佳，因此特別努力，要使自己比別人看得更清楚，更敏銳。他們訓練自己的觀察能力，培養用眼睛看的樂趣，結果對視覺世界的興趣比普通人大。

艾德勒又去研究畫家的生平，發現其中許多人眼睛都有缺陷。眼睛不好而偏要做畫家的人何以這樣多呢？難道也是受他在解剖屍體時發現的那條造化補償缺陷規律驅使嗎？他又去研究盲人，證實盲人的聽覺、觸覺和嗅覺都特別靈敏。布魯克納、法朗、史麥塔納和貝多芬等音樂大師所以特別傾心致力於聲音之美，似乎至少一部分是因為他們聽覺有缺陷。

貝多芬是令人驚奇的例子，他的聽覺從小就有機能性的缺陷，二十八歲時已經聾得很厲害。四年之後，如果不用耳筒，連整個樂隊的聲音都聽不清楚。就在那年，他寫出美妙的第二號交響曲。耳朵全聾之後又寫出更優美的英雄交響曲、月光曲和第五號交響曲。全聾了二十五年，最後居然還寫出不朽的第九號交響曲。

艾德勒的研究，不知不覺從生物學轉入神經病學，又從神經病學轉入心理學，就是從機能性缺陷的生理補償而研究到心理補償。不過到那時候為止，他所注意到的各種補償都只是無意識的，人的意志並沒發揮作用。

他於是開始研究較為不明顯的實例。巴斯德就是好例子。因為中風，腦子裡控制言語的那部分損壞掉，憑著莫大毅力，痛苦地慢慢奮鬥，終於在腦子裡發展了新的言語神經中心。艾德勒發現了好幾百件相同的實例：小時候體弱，長大成了有名的大力士；從前不良於行，後來成了芭蕾舞星；患過肺癆，卻成了大歌唱家等等。這些人拼命奮鬥，要克服他們的弱點，結果培養出超群的能力。這並不是造化在盲然補償，而是人的意志在發揮作用。

他漸漸發現，這彷佛是定律，彷佛人往往因為早期的弱點而獲得其他方面奮力以求的成就。也彷佛人必須有個欄才會跳過去；欄越高，跳得也越高。

萬物之中，只有人意識到自己的缺點，只有人有自卑感，只有人要設法補償自己的缺陷。人之所以為人，正在於此。艾德勒就是這樣推究出其中的道理。

當然，你可能一輩子都會隱隱約約覺得自卑感在作祟，而不知道因為怎樣種下的。可是你只要試一試，就能發現其中的原因，加以克服。你只要徹底分析自己，承認自己最大的缺點，再設法補救。這當然是件難事，但是如果找到線索，便能解決一切疑難。

的確有條線索，這就要問你自己：「我的人生目標是什麼？」

要勇於衝擊「超越自我」的目標

這是一個廚具推銷員的故事：他的年營業額從三萬美元上昇到十萬美元。講述這個故事，是因為他學到了一件事才使生意頓時加倍成長，那就是他學到了如何訓練跳蚤。你知道如何訓練跳蚤嗎？這並非是一個玩笑問題，因為在你知道怎樣去做之前，你無法變得更偉大。

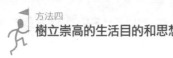

在訓練跳蚤時，把牠們放在廣口瓶中，用透明蓋子蓋上。跳蚤會跳起來，撞到蓋子，而且是一再地撞到蓋子。當你注視牠們跳起來並彈到蓋子時，你會注意到一些有趣的事情：跳蚤會繼續跳，但是不再跳到足以撞到蓋子的高度。然後你拿掉蓋子，雖然跳蚤繼續在跳，但不會跳出廣口瓶以外。理由很簡單，牠們已經調節自己跳到那麼高，一旦確定，便不再改變。

人也一樣，不少人準備寫一本書，爬一座山，打破一項紀錄或做出一項貢獻。開始時，他的夢想與野心毫無限制，但是在生活的道路上，並非一切都是那麼隨心所欲，他會好幾次碰壁。這時候，他的朋友與同事會消極地批評他，結果他就容易受到消極的影響，認為自己的目標「超越了自己的能力」。

「容易受消極的影響」只會給自己找到失敗的藉口而不是成功的方法。那位熱心的廚具推銷員卻不是這樣。他自己不但不容易受消極影響，還擺脫了「失敗者的藉口」，同時設定了一個偉大的目標。

他的長期目標就是：打破紀錄，並成為世界上最好的廚具推銷員。他有每天的目標：賣出三百五十美元的產品。這樣便得到一個結果：一年內生意增加三倍。很巧的是，他又應用這些「達到目標」和「跳蚤訓練原理」，一舉而成為美國演說家和銷售訓練員之一。他還在各地的研究會中教其他人如何達到他們的目標。

「跳蚤訓練員」最顯著的例子就是羅格‧本尼斯特。多少年來，新聞媒體長篇大論地推測四分鐘跑完一英哩的可能性，而一般的意見則認為四分鐘跑完一英哩是超過人類的體能的。結果，運動員受到「消極的影響」，而無法跑出四分鐘一英哩的成績。

羅格‧本尼斯特不想受「消極的影響」，他是一位「跳蚤訓練員」。所以，他突破了四分鐘的障礙，然後全世界的運動員便開始嘗試去完成。澳洲的約翰在本尼斯特突破障礙後不到六週，也跑了一次四分鐘一英哩的成績。一九七三年六月在路易絲安娜舉行的全美田徑賽中，有八位運動員同是在四分鐘之內跑完一英哩。四分鐘的障礙突破了，但是那不是因為人類的體能發生了變化。障礙本身是心理上的障礙，而不是身體上的限制。

要知道，一位「跳蚤訓練員」正是能跳出瓶口束縛的人。他是受內心驅使而不是受種種消極的外在影響。為了進一步解釋和確認「跳蚤訓練」是你在生命中各方面保持成功的唯一方法，就要成為一個有資格的「跳蚤訓練員」，敢於衝擊「超越自我」的目標。

不斷制訂後續目標

巴爾扎克認為：「每個人一生都有一個頂點，在那個頂點上，所有的原因都起了作用，產生了效果。這是生命的高峰，活躍的精力達到了平衡的境界，發出燦爛的光芒。」但是，一個人不應該一生只滿足有「一個頂點」，而是應該適時地把握住契機，果斷地從「頂點」折返大地，以重新蓄積元氣，另覓新途，再圖攀登。如果說，攀登頂點的勇氣，表現著生存智慧的高超，那麼，再造新途的勇氣，則表現出創新智慧的卓越。

從現代人的觀點看來，所謂「頂點」，也就是一個人卯足了勁努力達成既定目標所能達到的最好水準。事實上，人生的大目標是動態的，不斷發展的，就如同珠穆朗瑪峰至今仍在不斷升高，即使你曾經達到過它的「頂點」，卻不可以說永遠征服了它的高度那樣。人生需要不斷地為自己確立新的攀登的高度，正如哥德所說：「人生在世，僅此一遭，一個人要有力量和前途，也僅此一遭！誰不好好利用一番，誰不好好大幹一場，那就是傻瓜！」這是從一個頂點到達另一個頂點的人生氣魄，是變頂點為新的起點的人生藝術。當一個人毅然從頂點折回時，貌似急流勇退，實則是向另一個頂點進軍的準備，就如同雲霄飛車的俯衝不是墜落，而是積蓄再一次爬升的動力那樣。

如果你沒有後續的目標，那麼前一個目標的實現就長遠的觀點來看未必是好的。許多人之所以活得那麼有勁，就在於他有個值得活下去的目標，當那個目標實現後卻沒有後續的目標，這會使人覺得內心十分空虛，人生變得沒有意義。最典型的例子可見之於阿波羅登月計劃的那些太空人，在受訓期間他們都非常認真且有勁地學習，因為在他們面前是一個人類歷史上前所未有的壯舉：登上這塊滿是神話的處女地。當他們終於登上了月球，極度興奮之後卻是如狂濤般而來的嚴重失落感，因為接下去將很難再找到像登陸月球這麼值得讓他們挑戰的目標。或許「外太空」的探險之外我們也可以來探險「內太空」，好好研究迄今尚未有多少人接觸與認識的「人類心靈」。

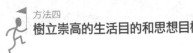

有些女孩子為了她們的婚禮經常可以忙上好幾個月，甚至於一整年，投下的精神真是難以估計，所求的只是為了有個終身難忘的美好回憶。當婚禮耀眼的燈光暗去，年輕的新娘也如前面所說的那些太空人一樣心情極度消沈，人生中最期望的高潮過後還會有下一波的高潮嗎？這種現象真是情何以堪。

當一個人實現了所期望的目標後，若要繼續維持先前的熱情和衝勁，那就得立即再制定出一個足以讓他動心的目標，如此將可以使他先前實現目標的興奮心情，不落痕跡地投注到另一個新目標上，讓他能夠繼續成長下去。若無成長的動機，人生就會停滯，人的老化不始於肉體，而是始於精神。

把服務社會當成是人生永遠的目標，這可以使你不落入失落感的陷阱裡。去找一條幫助人的管道，對那些迫切需要幫助的人伸出援手，你的一生將會過得生龍活虎。在這個世界裡你永遠不用擔心找不到能讓你付出時間、精力、金錢、愛心和創造力的地方。

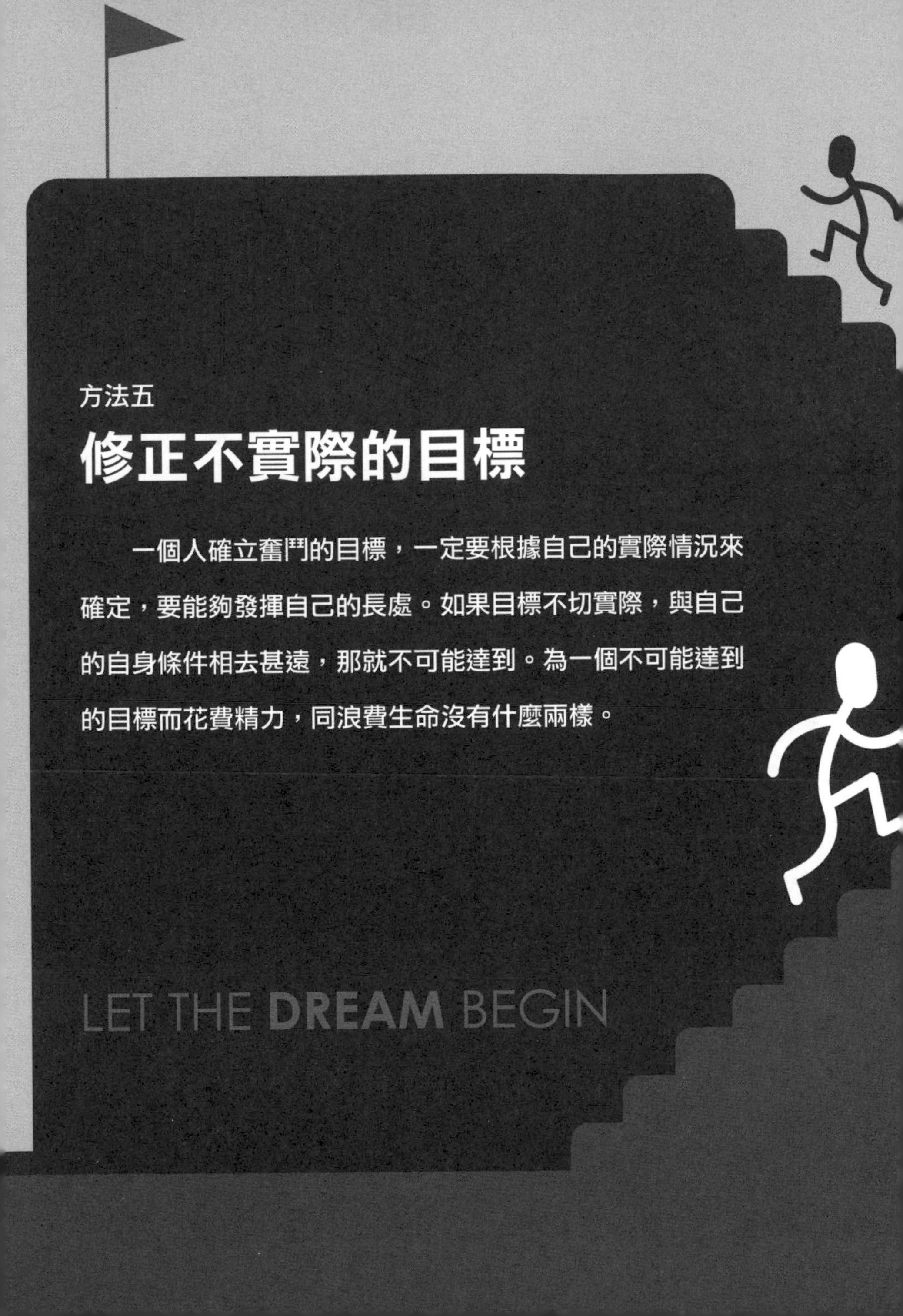

方法五

修正不實際的目標

一個人確立奮鬥的目標，一定要根據自己的實際情況來確定，要能夠發揮自己的長處。如果目標不切實際，與自己的自身條件相去甚遠，那就不可能達到。為一個不可能達到的目標而花費精力，同浪費生命沒有什麼兩樣。

LET THE **DREAM** BEGIN

遵循制訂目標的SMART模式

有目標，有追求的生活，才會是有意義的生活。因為目標能對你的生活產生積極的影響，能為你的魅力提供源源不斷的動力。當然，跟做別的事情一樣，在這方面你也得行事得法。

有人提出了一種制訂目標的SMART模式，就是指Specific（具體化）、Measurable（可衡量）、Attainable（可行）、Realistic（切實），以及Trackable（可追蹤）。

首先，目標要儘量提得具體，要有標準可以衡量。常言說得好，無志者常立志。確實，有些人你就看見他經常確立目標，但最終卻沒有一個真正的目標。相反地，你也許從來沒有見過一個世界級的跳高運動員，他會隨隨便便地說：「明年我要跳得更高一些。」但事實上，在他內心裡面確實有一個目標，有一個實實在在的確定高度。

同樣，為了完成一項計劃，你不能籠統地說「我要在六個月之內變得更健康一些，那樣就開始執行了。」而相反地，你可要很具體地說，「我要在半年內，把舒張壓降下十個點數」。「半年之內，我要減輕二十磅。」或者「半年之內，我堅持每天跑兩三公里。」

再比如說，要是你的目標是成為一名出色的推銷商，也就是說為公司推銷更多的產品，或者希望改變公司的策略重點，那你就可以這樣說：「明年我將提高二十%的銷售額。」而不能簡單地說明年我將提高銷售額。

其次，目標之所以為目標，正是因為我們當前還不能達到它，所以，它是作為一種可能性而存在的。但是，一個人的目標還得切實可行才好。要把切實可行性和富有挑戰性相互兼顧起來，只有這樣，你才能伸展自如。

一項目標，如果它的實現可能性等於零，那不管是誰，都會覺得沒勁；而如果反過來，它的實現可能性是百分之百，那它就不再是目標了。本來目標能夠激勵你的就是這麼一種努力：工作得比以前更辛勤一些，人力物力投入得也更多一些。

SMART目標模式的最後一項是可追蹤性。你怎麼知道已經取得進步了？所以要在大目標之下建立一些循序漸進的小目標，這就像在你前進的道路上放上一個個的里程碑。這樣，對照著自己的總目標，你就可以每隔一段時間檢查一下自己的進步——比如每隔一天、每隔一週或者每隔兩個月檢查一次。

當然，在此過程之中，你還可能發現自己的目標並不是那樣切實可行。這時候你對自己的計劃要靈活處置，然後考慮調整。計劃是死的，人卻是活的。所以，要隨時對目標進行調整，讓它重新步入正軌，重新激勵你前進。

對於制定目標這件事，還有以下幾點建議值得採納：

▼把目標寫下來

在腦袋裡想想是一回事，把目標明確寫在紙上又是另一回事。在這一點上你絕對要相信：一個目標只有在寫下來以後才能變得更明確和更有意義。所以，一旦你有了這樣一張目標清單，你做事就不會再磨磨蹭蹭，相反地，你會警醒、奮發、採取行動。

▼目標要顯得親切

它不是你自己要強迫去做的事情，它應該是你自覺自願去做的事情，要讓它在任何情況下，都對你產生一種吸引力，都能夠促使你去為它努力奮鬥。

▼目標要定得積極一點

對一些念頭進行強行抑止，那效果就會適得其反。所以，一個對自己強制執行「今天不能再抽菸」的人，往往會坐立不安，忍不住還要再抽；而如果他能把目標提高到一個相應的高度，比如能夠讓自己清楚意識到：「抽菸確實損害了我的身體，」那效果可能會好得多。

一定要校正自己的目標

十九世紀英國偉大的物理學家牛頓，以自己的聰明才智創立了具有劃時代意義的物理學三大定律，為人類認識宇宙做出了偉大的貢獻。但是，就在牛頓創立了著名的三大定律之後，他卻花了十五年的時間和工夫，要證明上帝是萬物推動力，由於目標及行動都是錯誤的，偏離了正確認識世界的方向，其結論自然也是錯誤的。

一個人所確定的人生的目標，如果脫離了實際，超過了自身所能達到的高度，他即便再努力，費盡心機或者付出高昂的代價，也不會取得成功。

凡是自身條件難以達到的或客觀環境不允許的目標，都屬於不切實際的目標。

一個人如果確定了不切實際的目標，他就會浪費寶貴的時光，最終失去成功的機會。為了不可能達到的目的而耗費心血，無異於緣木求魚。

比如，生活中常常有許多人夢想著成為百萬富翁，但是百萬富翁只會在少數具有經商才能的人中產生，而實際上大多數人又恰恰缺乏這方面的才能，因而要達到這樣的目標，對於大多數人來說可能性實在太小。許多人一生中之所以庸庸碌碌，就是因為確定了不切實際的目標造成的。

在為實現目標而行動的過程中，經常地檢查行動的方向是否正確，是十分重要的。方向正確，你的行動便會離目標越來越近；方向偏離，你便會走一些不必要的彎路；方向相反，你便與目標背道而馳，你的行動無異於緣木求魚，其結果是離目標越來越遠。因此，定期檢查行動的正確性，和行動本身一樣重要，也同時能夠判斷目標是否實際，究竟能不能在你的努力下實現。因為有時候我們制訂的目標也可能是不現實的，甚至是錯誤的。

透過實踐檢驗，如果行動是偏離目標的，那就要改變做法，尋求正確的途徑；如果目標是脫離實際或者錯誤的，那就要修改目標或者重新確定目標。

不必追求完美

美國心理學家伯恩斯博士曾進行一項調查。他向一百五十名每年收入一萬至十五萬美元的推銷員進行問卷調查，結果發現，他們之中約有四十%是屬於追求完美的人。可以預料的是，這四十%的人所受的壓力，比其餘那些不追求完美的人要大得多。但他們的成就是否更大呢？說來奇怪，答案卻是否定的。這些追求完美的人在生活中顯然較常感到焦慮和沮喪，可是沒有任何證據顯示他們的收入較其餘的人為高。實際上，追求完美的人由於經常遭遇到挫折和壓力，因此可能降低他們的創作能力和工作效果。

伯恩斯博士所說的「追求完美」，究竟是什麼意思呢？有些人以爭取高標準為樂，他們要求的是合理的卓越表現，這種健康的追求，並不是「追求完美」。當然，不重視素質的人根本就難以獲得真正的成就。但「追求完美的人」卻強迫自己努力達到不可能的目標，並且完全用成就來衡量自己的價值。結果，他們便變得極度害怕失敗。他們感到自己不斷受到鞭策，同時又對自己的成就不滿意。事實證明，強逼自己追求完美不但有礙健康，會引起像沮喪、焦慮、緊張等情緒不安的症狀，而且在工作效果、人際關係、自尊心等方面，亦會招受失敗。

為什麼追求完美的人特別容易情緒不安，為什麼他們的工作效果會受到損害？其中一個原因就是，他們以一種不正確和不合邏輯的態度看人生。

追求完美的人最普遍的錯誤想法，就是認為不完美便毫無價值。比如說，一個每科成績取得優等的學生，由於在一次考試中有一科拿了乙等成績，因而大感沮喪，認為那就是失敗。這類想法引致追求完美的人害怕犯錯，而且一旦犯錯後又作出過分的反應。

他們的另一個誤解是相信錯誤會一再重覆。認為「我永遠都無法把這件事做對」。追求完美的人不會自問能從錯誤中學到什麼，而只是自怨自艾，說「我真不該犯這樣的錯，我絕不能再犯了！」這種自責態度導致產生一種受挫和內疚的感覺，反而會使他們重覆犯同樣的錯誤。

為了幫助追求完美的人戒除這個心理習慣，伯恩斯博士首先請他們列出追求完美的好處和弊端。一名向他求助的法律系學生只舉出一個好處，卻列出了六個弊端：

優點：這樣做有時會得到優秀成績。

弊端：

1、它令我神經非常緊張，以致有時連普通成績也拿不到。

2、我往往不願冒險犯錯，而那些錯誤卻是創作過程中所必然會發生的。

3、我不敢嘗試新的東西。

4、我對自己諸多苛求，令生活失去了樂趣。

5、由於總是發現有些東西未臻完美，因此我根本不能鬆弛下來。

6、我變得不能容忍別人，結果別人認為我是個吹毛求疵者。

顯然，若放棄追求完美，生活可能會更有意義和更有成就。假如你目標切合實際，那麼，通常你的心情便會較為輕鬆，行事也較有信心，自然而然便會感到更有創作力和更有工作成效。伯恩斯博士強調，他不是鼓吹放棄努力奮鬥，他認為，「在你不是追求出類拔萃成就，而只是希望有確實良好的表現時，反而可能會獲得一些最佳的成績」。

降低成功的標準，讓自己感到滿足

「目標越高，動力越足」，也是相對而言的。這裡所說的「高」也不能超過一定的限度，以致於「高不可攀」，也必須把握住一定的高度——可行和切實。

在葛雷哥萊・拜特森所著的一本書裡面有一個頗為耐人尋味的故事，那是多年前他與女兒之間的對話，在此我們節錄其中一小段。

有一天，女兒走到他面前，問了一個問題：「爸爸，為什麼東西總是很容易便弄亂了呢？」

拜特森便問道：「乖女兒，妳這個『亂』字是什麼意思？」

女兒說道：「你知道嗎，那是指沒有擺整齊。看看我的書桌，東西都沒在一定的位置，這不叫作『亂』叫什麼？昨天晚上我花了不少時間才把它重新擺整齊，可是就是沒法保持很久，所以我說東西很容易便弄亂了。」

拜特森聽完就告訴女兒說：「什麼叫做整齊，妳擺給我看看。」

於是，女兒便開始動手整理，把書桌上的東西都歸定位，然後說道：「請看，現在它不是整齊了嗎？可是它沒法保持多久。」

拜特森又再問她：「如果我把妳的水彩盒往這裡移動一、二英寸，妳覺得怎麼樣呢？」

女兒回答說：「不好，這麼做書桌又弄亂了，你最好讓桌面維護『規規矩矩』的，不要出現那些『亂的』情形。」

隨之拜特森又問道：「如果我把鉛筆從這兒移到那兒呢？」

「你又把桌面弄亂了。」女兒回答道。

「如果我把這本書打開呢？」他繼續問道。

「那也叫做亂。」女兒再答道。

拜特森這時微笑著對女兒說道：「乖女兒，不是東西很容易弄亂，而是妳心裡對於亂的定義太多了，但對於整齊的定義卻只有一個。」

大部分的人定下了許多會使心情不好的規定，但對於會使心情好的規定卻定得不多，無怪乎他們會被痛苦給纏得動彈不得，那就好像罩上了一張大網，越是想掙脫卻越掙不脫，越是想逃避痛苦卻越逃避不了。

我們看看一位心理學家講的這樣一個故事：他是一家名列財經雜誌五百大企業公司的

高級職員，在公司裡他很受部屬們愛戴，在家裡跟老婆及五個孩子也很親密，至於健康狀況更沒問題，甚至於是一位長跑健將。當有人問他：「你是否覺得自己是個成功的人？」他回答得很嚴肅，答案讓大家都吃了一驚：「不是！」隨之又問他：「你覺得要怎樣才算是個成功的人？」

以下這些就是他認為「成功」的條件：他的年薪必須有三百萬美元（當時他的年薪是一百五十萬美元，不過另包括二百萬美元的紅利，只不過他不把這個列在年薪裡）；他的體重不能超過正常的八％（當時他是九％）；對於孩子他不能感到不耐煩（別忘了他有五個孩子，每個人的個性都不一樣）。各位可以想一想，像同時有這麼嚴苛且沒有道理的標準，請問你有多大的把握能讓他覺得自己是個成功的人？就算他真做到了，你認為他會覺得自己成功了嗎？

放棄那些大而華麗的目標

一個年輕的大學生在逛市場的時候，看見一位老人擺了撈魚的攤子，他向有意撈魚者提供魚網，撈起來的魚歸撈魚人所有。這個年輕人一時童心大發，蹲下去撈起魚來，他一連撈破了三支網，一條小魚也未撈到。

見老人眯著眼看自己的蠢樣、心中似乎暗自竊笑，他便不耐煩地說：「老闆，你這網子做得太薄了，幾乎一碰到水就破了，那些魚又怎麼撈得起來呢？」

老人回答說：「年輕人，看你也是念過書的人，怎麼也不懂呢？當你心中生意念想撈起你認為最美的魚時，你打量過你手中所握的魚網是否真有那能耐嗎？追求不是件壞事，但是要懂得瞭解你自己呀！」

「可是我還是覺得你的網太薄，根本撈不起魚。」

「年輕人，你還不懂得撈魚的哲學吧！這和眾人所追求的事業、愛情、金錢都是一樣的。當你沈迷於眼前目標之際，你衡量過自己的實力嗎？」

事後，這位年輕人感悟到：目標越大，得失越大，挫折感也就越大，人生之苦不都是這樣嗎？也許你該放棄那些大而華麗的目標，選擇伸手可及的目標吧！人應該務實一點！企望著遙不可及的事物，不如把宏大的計劃分成幾段，從容易的著手，一步步達到自己的目的。

生活中，我們必須學會放棄那些華而不實的目標。凡人對事對人該放手時不放手，就只有苦！

有個病人在臨死之前異常痛苦，一手抓住床沿鐵欄，一手抓住好友，指甲掐入對方肉中，好友見他如此痛苦，勸他：「你為什麼要抓住生命呢？你放手吧，讓它（生命）去就好過，就舒服了，我在你身邊，看著你，愛你。」

他聽了寬心了，放心了，一放手，果然就解脫了。

然而這世界上的人沒有不抓點什麼的，好像不抓點什麼的就不是人，這世界也就不成世界了。於是乎抓房屋、抓股票、抓丈夫、抓孩子、抓時間、抓金錢、抓慾望、抓夢想，抓得世界五彩繽紛。如果上帝造人，不將人類手指抓向手心，這人類也就沒有這麼精采的人生。而人的生命痛苦，也因為抓不到、抓不穩、抓不來而苦痛。抓的意念和抓的動作不同，往往那抓的意念更磨人、傷人，更困己、害己、常越陷越深而不能自拔，什麼時候肯罷休？往往到傷害了自己才放手。

有兩個小孩，一個手上抓了個球，另一個也要，一手抓過去，對方不給，就打起來了。

許多時候我們如同這小孩，不肯放手，寧願跟別人打架，還緊抓不放，其實不過為了個球罷了。你或許說，那球是我的，沒理由給他，你為什麼一定要那個球呢？不要它不就沒事了嗎。只要意念說：「我不要了，我放手。」管它誰撿去，反正我不要。

即使你建立了確定的理想和真心實意要達到這個確定的目標，還有一個值得注意的問題，就是你的目標切實可行嗎？許多人都有一種對自己要求過高的習慣，他們總是想做到最好，有時這顯然是不可能的。

例如，你有一個強烈的願望，就是很想成為國際明星。然而具備的條件與要實現這一目標的差距很大，所以認識到這種現實是非常重要的，它會使你在失敗的時候不會責怪自己。一些對自己要求過高的人總是拿別人最好的優點與自己一般的特點相比，他們拿自己與著名的模特兒相比來評價自己的身材相貌；他們拿自己與所知道的最富有的人相比來判斷自己的財富。這種比較是不切實際的，因此也不可避免地貶低自己的自尊心。

當你真正放棄那些虛幻的目標的那一刻，你就開始真正瞭解自己，不要活在夢幻裡！

一位美國作家，當他還是個孩子的時候，曾夢想住在一幢有門廊和花園的大房子裡，在房子的前面有兩尊維納斯的雕像；娶一位身材修長、美麗善良的姑娘，她有烏黑的長髮和碧藍的眼睛，她的琴聲美妙、歌聲悠揚；有三個健壯的兒子，在他們長大之後，一個是傑出的科學家，一個是參議員，最小的兒子要成為橄欖球隊員；而他自己要當一名探險家，登上高山、越過海洋去探險；擁有一輛紅色的法拉利跑車，而且不用為衣食奔波。

可是有一天，在玩橄欖球時，他的膝蓋受了傷。為此他再也不能登山，不能爬樹，不能到海上航行。他開始研究市場銷售，並且成為一名藥品推銷商。

他和一位漂亮善良的姑娘結了婚。她的確有烏黑的長髮，不過卻身材矮小而且眼睛是棕色的；她不會彈吉他甚至不會唱歌，但卻能做美味的菜，她畫的花鳥更是栩栩如生。

為了經商，他住進了城中的一座高樓建築。在此，他可以俯看蔚藍的大海和城市的夜景。在他的房間裡，根本無法擺放兩尊維納斯的雕像，不過養了一隻惹人喜愛的小貓。

他有三個非常漂亮的女兒，但最可愛的小女兒只能坐在輪椅上。他的女兒們都很愛他，但不能和他一起玩橄欖球，他們有時去公園追逐嬉戲。

為使生活過得舒適，他賺了很多錢；但卻無法駕駛紅色的法拉利賽車。

一天早晨，他醒來後，又回憶起往日的夢境。「我真是太不幸了。」他對他最要好的朋友說。

「為什麼？」朋友問。

「因為我的妻子和夢想中的不一樣。」

「你的妻子既漂亮又賢惠，」他的朋友說。「她創作出了動人的繪畫並能做美味的佳餚。」

但他對此卻不以為然。

「我真是太傷心了。」有一天，他對妻子說。

「為什麼？」妻子問。

「我曾夢想住在一所有門廊和花園的大房裡，但是現在卻住進了四十七層高的大樓。」

「可是我們的房子不是很舒適嗎？而且還能看見大海，」妻子說。「我們生活在愛情與歡樂中，有畫上的小鳥和可愛的小貓，更不用說我們還有三個漂亮的孩子了。」但他卻聽不進去。

「我實在是太悲傷了。」他對他的客戶說。

「為什麼？」客戶問。

「我曾夢想成為一名偉大的探險家，但現在卻成了一名禿頭商人，而且膝蓋受傷。」

「你提供的藥品已經挽救了許多人的生命。」

可他對此卻無動於衷。

「我簡直太不幸了。」他對他的會計說。

「怎麼回事？」會計問。

「因為我曾夢見自己開著一輛紅色的法拉利賽車，而且絕不會有生活負擔。可是現在，我卻要搭公共交通工具，有時仍要被迫去賺錢工作。」

「可是你卻衣著華麗、飲食精緻，而且還能去歐洲旅行。」他的會計說。

但他仍舊心情沈重。並且依然夢想著那輛紅色法拉利賽車。

「我的確是太不幸了。」他對他的牧師說。

「為了什麼？」牧師問。

「因為我曾夢想有三個兒子，可我卻有了三個女兒，最小的那個甚至不能走路。」

「但你的女兒卻是聰明又漂亮，」牧師說。「她們都很愛你，而且都有很好的工作。一個是護士，一個是藝術家，你的小女兒則是一名兒童音樂教師。」

可是他卻同樣聽不進去。極度的悲傷終於使他病倒了。他躺在潔白的病床上，看著那些正在為他進行檢查和治療的儀器——而這些也是由他賣給這所醫院的。

他陷入極大的悲哀中，他的家人、朋友和牧師守候在他的病床前，並且都為他深感痛苦。一天夜裡，他夢見自己對上帝說：「小的時候，您曾答應滿足我的所有要求。您還記得嗎？」

「那是一個美好的夢境。」

「可是您為什麼沒有把那些賜予我？」

「我能夠賜給你，」上帝說。「不過，我想用那些你沒有夢見的東西而使你驚奇。我已經賜予你一個美麗而善良的妻子、一個體面的職業、一個好的住所及三個可愛的女兒。這些的確都是最美好的……」

「可是，」他打斷了上帝的話，「您並沒把我真正想要得到的賜給我。」

「但我想，你會把我所真正希望得到的給予我。」上帝說。

「您需要什麼？」他從未想過上帝要得到什麼。

「我要你愉快地接受我的恩賜。」

這一夜，他始終躺在黑暗中進行思考，並終於決定重新再做一個夢。他希望夢見往昔的時光以及他已經得到的一切。

他康復了，幸福地生活在位於四十七層的家中。他喜歡他孩子們的美妙聲音，喜歡他妻子那深棕色的眼睛與精美的畫。夜晚，他在窗前凝望著大海，心滿意足地觀賞著城市的夜景。從此，他的生活充滿了陽光。

這個故事告訴我們，在為自己制定目標的時候，一定要現實些，不要過於苛刻；同時，在追求自己夢想的時候，千萬不要忽略了本來可以享受的生活。

不要懼怕改變目標

人們常常為了要挽救已然無望的情況，浪費掉一些有價值的資源，因為往往隨著時間的消逝，能夠改正錯誤的機會就愈來愈少，所需投入則變得更多。

這就是那些沒有經驗的投資者所面臨的問題。他們投資股票被套牢，卻不知如何解套；畏懼承認失敗，接受損失。因此，他們只能眼睜睜看股票價格下滑，拼命給自己找理由，比如，股票很快就會上漲，或是明年公司就會營運較佳。就在此時，許多其他股票（他們也可以投資）卻一路拉出長紅。

而這些人很不幸地把所有的力氣和資金都用來說服自己做了正確的選擇。其實不然，他們應該花點心力四處看看，分析一下別的行情。他們把目標全都給忘光了，他們不是要每個投資的股票都能賺錢，而是證明給世界看，他們是永不犯錯的金錢魔術師，要在長期的奮戰中賺取最多的錢，但他們卻因為太努力想贏反而輸了。因此，無論你何時買股票，都應該設定一個下限：你願意讓股票下滑到多少價錢，一旦到了這個標準就賣！

人的生活目標不可能像股票交易一樣條理分明，雖多變卻易於掌握。但是如果不願花任何心力來尋求生活中的優先順序，你只會浪費時間和力氣，造成日後得投資更多來彌補現在的錯誤。

麥克生長在不正常的家庭裡，父親是個猶太人（十分排斥天主教徒），而母親卻偏偏是個天主教徒（卻又十分排斥猶太人）。在他小的時候，母親經常鬧著要自殺，當火氣來時便抓起衣架追著他毒打，就因為生活在這樣的環境，所以他自幼就有些畏縮且身體瘦弱。

麥克讀高中一年級時的一天，體育老師帶這一班學生到操場去教他們如何擲標槍，而這一次的經驗就此改變了他後來的人生。在此之前，不管他做什麼事都是畏畏縮縮的，對自己一點自信都沒有，可是那天奇蹟出現了，他奮力一擲，只見標槍越過了其他同學的紀錄，多出了足足有三十英呎。就在那一刻，麥克知道了自己的前途大有可為，在日後面對《生活》雜誌的採訪時，他回想道：「就在那一天我才突然意識到，原來我也有能比其他人做得更好的地方，當時便請求體育老師借給我這支標槍，在那年整個夏天裡，我就在運動場上不斷練習。」

麥克發現了使他振奮的未來，而他也全力以赴，結果有了驚人的成績。

那年暑假結束返校後，他的體格已有了很大的改變，而在隨後的一整年中他特別加強重量訓練，使自己的體能往上提升。高三時的一次比賽，他擲出了全美高中最好的標槍記錄，因而也讓他贏得了體育獎學金。

有一次，他因訓練過度而嚴重受傷，經檢查證實，必須永久退出田徑場，這使他因此失去了體育獎學金。為了生計，他不得不到一家工廠去擔任卸貨工人。

不知道是不是幸運之神的眷戀，有一天他被好萊塢的星探發現，問他是否願意在即將拍攝的一部電影《鴻運當頭》中擔任配角。當時這部影片是美國電影史上所拍第一部彩色西部片，麥克答應加入演出開始他成功的演藝生涯，先是演員，然後演而優則導，最後成為製片，他的人生事業就此一路展開。

一個美夢的破滅往往是另一個未來的開展，麥克原先有個在田徑場上發展的目標，而這個目標引導著他鍛鍊強健的體格，後來的打擊卻又磨練了他的性格，不料，這兩種磨練卻成了他另外一個事業所需的特長，使他有了更耀眼的人生。

麥克因為能夠堅持而扭轉了自己的人生。有時候，我們雖然未能達到某個目標，可是只要方向對，不輕易放棄，最終卻可能達到比先前更大的目標。

失敗時應重新認識目標

蜘蛛猴是一種很有趣的動物，牠是生長在中南美洲、很難捕捉的一種小型動物。多年來人們想盡方法，用裝有鎮靜劑的槍去射擊、或用陷阱捕捉牠們，都無濟於事，因為牠們的動作實在太快了。後來，有人想出了一個辦法，在一個窄瓶口的透明玻璃瓶內放進一顆花生，然後等待蜘蛛猴走向玻璃瓶，伸手去拿花生。一旦牠拿到花生時，就可以逮到牠了。因為當時蜘蛛猴手握拳頭緊抓著那顆花生，所以牠的手抽不出玻璃瓶，而那個瓶子對牠來說又太大了，使牠無法拖著瓶子走。但牠十分頑固，或者是太笨了，始終不願意放下那顆已經到手的花生。就算你在牠身旁倒下一大堆花生或香蕉，牠也不願意放開手中那顆花生，所以，這時狩獵者便可以輕而易舉地抓到它。

有些時候，為了追求更適合自己的目標，你就必須先放下手中的「那顆花生」。這不是見異思遷，而是你願意改變一些習慣，使自己更有彈性，願意在嘗試新的方法之前，先放棄一些既有的利益。

人生是個不斷探索的過程，失敗有時並不是由於你的能力、學識的不足，而是由於你錯誤地選擇了目標，而失敗正是給予了你一個重新思考，從錯誤中解脫的良機。

美國著名的不動產經紀人安德魯最初是葡萄酒推銷員，這是他的第一份工作，他不知道自己還能做什麼，於是他認為自己的目標就是「賣葡萄酒」。最初他為一個賣葡萄酒的朋友工作，接著為一名葡萄酒進口商工作，最後和另外兩個人合夥作起了自己的進口業務，這並非出自熱情，而是因為，正如他自己所說：「我只會做這個，我過去一直在賣葡萄酒。」

生意越來越糟，可是安德魯還是拼命抓住最後一根稻草，直到公司倒閉。他不改行，是因為他不知道還能做什麼。事業的失敗迫使他去上一門教人們如何開業的課，他的同學有銀行家、藝術家、汽車技師，他逐漸認識到這些人並不認為他是個「賣葡萄酒的」，而認為他是個「有才能的人」，他們對他的看法使他放棄了原來的目標。

他開始覺醒，仔細分析，探索其他行業，檢查自己到底想做什麼。最後，他選擇了和太太一起開展不動產業務，使他取得了推銷葡萄酒永遠不能為他帶來的成功。

生活往往藉失敗之手，促使你進行這一次次的探索和調整。

許多職業專家認為，一個人一生中至少要經過兩、三次轉變，才能在最後找到適合自己特長的事業，而確定自己合理的目標，則需要同樣長的一段時間。

持續調整你的目標

羅賓的妻子請了一位調音師到家裡來給孩子的鋼琴調音，這位調音師還真是個高手，只見他很仔細地鎖緊了每一根琴弦，使它們都繃得恰到好處，而能發出正確的音符。

當他完成整個調音工作後，羅賓問他要付多少錢，他笑一笑地答道：「還不急，等我下次來的時候再付吧！」

羅賓不解地問道：「下次？你這是什麼意思？」

調音師說：「明天我還會再來，然後一連四個星期每週來一次，再接下來每三個月來一次，共來十次。」

他的話弄得羅賓一頭霧水，不由得問道：「你說什麼？鋼琴不是已經調好音了嗎？難道還有問題？」

調音師清了清喉嚨說道：「我是調好音了，可是那只是暫時的，如果琴弦要能保持在正確的音符上，就必須繼續『調整』，所以我得再來幾次，直到這些琴弦能始終維持在適當的緊繃程度。」

聽完他的話，羅賓不禁心裡歎道：「原來還有這麼大的學問！」

那天羅賓著實是上了重要的一課。

同樣的道理，如果我們希望目標能維持長久直至實現，那就得像鋼琴的調音工作一樣。一旦我們有了什麼樣的進展就得立即強化，這種強化的工作不能只做一次，而得持續做到目標完成為止。

方法六

找到適合你的職業

現代的競爭在很大程度上就是機會的競爭，機會是至為寶貴的。我們一遇到機會，就應當緊緊地抓住它。你求職的時候，只有實事求是、勇敢的、充分表現自己的膽識和才能，機會才會出現。一生最重要的事是選擇職業，但我們往往憑藉「偶然」決定它。如果你能成功地選擇職業，並把全部的精神灌注到裡面去，那麼幸福本身就會找到你。

LET THE **DREAM** BEGIN

借鑒傑出人士擇業的經驗

一位專家經過對諾貝爾獎得主的調查和研究，發現他們在選擇職業的時候往往累積了同樣的經驗，這些經驗都值得我們借鑒：

▼向傑出人士請教

對許多人來說，確定一生應做什麼，往往並非易事。那麼就可主動向傑出人士請教。對此，請看一下羅曼如何為大家樹立榜樣。

羅曼二十二歲時，總覺得自己富有文學藝術的素質，傾向於選擇文學事業，可是照世俗的理解，文學事業又有什麼用處呢？他決定寫封信給文學大師托爾斯泰，以尋求指點。

在寫這封信時，他只是抱著試一試的想法，做好了收不到回信的準備。沒想到幾個星期以後，他收到托爾斯泰長達三十八頁的親筆回信。在信中，托爾斯泰向這位從沒見面的異國青年，談了選擇個人道路的原則。這封信使羅曼下定決心從事文學事業，終於成為世界著名作家，並榮獲諾貝爾文學獎。

▼根據自己的長處決定終身職業

當你經過一段時間的探索和思考，對自己興趣，以及思維、知識結構等方面的長短處有所認識，就不妨揚長避短，按長處來進行「生涯定位」。如愛因斯坦的思考方式偏向直覺，就沒有選擇數學，而是選擇更需要直覺的理論物理，作為事業的主攻方向。

▼到創造前沿去「淘金」

選擇理想的職業還要結合外在的需求來考慮。最容易出成效的方式之一，就是到創造前沿去「淘金」。在前沿地帶，往往匯集了最優秀人士的思想精華和創造新成果，同時也會暴露許多需要解決的新問題。此時，你若能發現那些重要但別人忽略或研究不透的問題，並把解決它們作為突破口，往往能起到事半功倍的成效。

一次，美籍華人李政道很偶然地得知非線性程式有一種叫粒子問題。他找來所有關於粒子的資料仔細分析，專門挑出別人有哪些弱點。果然有一大發現：所有文獻都是研究一度空間的粒子。而在物理學中，有廣泛意義的是三度空間。於是，他圍繞這點研究，僅僅幾個月，就找到了一種新的粒子理論，用來處理三度空間的錏原子問題。事後，他高興地說：「在這個領域裡，我從一無所知，一下子趕到別人前面去了。」李政道終於成為一九五七年諾貝爾物理學獎得主。

▼放棄「我不行」的念頭

青年時期是一個可塑性強的時期，往往有許多潛能，卻被自己以各種理由忽略和否定。假如一個人能做什麼，卻總認為「我不行」，那就說明他有一個「心靈之鎖」，需要透過各種方式解除。

朗・多塞的父親是一個出色醫生，他認為兒子也能當一個好醫生。但是，朗・多塞認為自己對行醫有心理障礙，根本不是這塊料，他為此還挨過父親一巴掌。後來，一位叫艾迪的醫生常對他說些有趣的醫學知識，說醫學上的科學探索和重大發現，及醫生們如何拯救病患，講自己在病人康復之後感到的快樂。漸漸地他對醫學從感興趣發展到了熱愛，並逐漸發揮出自己在這方面的才能。一九八〇年，他榮獲諾貝爾生理學及醫學獎。

▼淡化自己的弱點和缺陷

不管自己有何弱點和缺陷，都要堅信只要自己努力，就能夠取得非凡成就。

羅莎琳・蘇斯曼在十多歲時，讀了《居禮夫人傳》，便認定居禮夫人的路，就是自己要走的路。這一想法，在周圍人看來簡直是天方夜譚。在她高中畢業時，母親希望她當小學教師；大學畢業時，父親希望她去當中學教師。但是她說：「居禮夫人也是女人，她做出了許多男人做不到的事，我相信自己也能像她那樣度過一生。」而且，她還保證：自己不僅要成為一個居禮夫人那樣的大科學家，也要成為一個好妻子、好母親。最終她實現了諾言，不僅成為一九七七年諾貝爾醫學獎獲得者，而且還是有名的賢妻良母。

▼看準了就要走到底

德國物理學家普朗克向黑洞輻射問題猛攻，多次失敗仍不死心。但他的老師約里卻灰心了，勸告他說：「黑洞輻射學是一門已完成了的科學，因此你繼續研究這個問題，是不會有多大成果的。」

雖然普朗克很敬愛老師，但他並不贊同老師的觀點。因此，他仍然繼續研究。一九〇〇年，他發表了用「能量質」概念導出黑洞輻射的公式論文。一九一八年，他獲得諾貝爾物理學獎。

擇業時必須考慮的問題

這裡提一些建議供你在選擇工作時作參考：

▼慎重聽取他人的建議

1、如果有人告訴你，他有一套神奇的方法，可指示出你的「職業傾向」，你千萬不要找他。這些人可能是算命師、星相家、個性分析家……他們的方法一無是處。

2、不要聽信那些說他們可以透過給你作一番測驗，然後就能指出你該選擇哪一種職業的人。這種人根本就已經違背了職業指導人的基本原則。職業指導人必須考慮被指導人的健康、社會、經濟等各種狀況，同時，他還應該提供就業機會的具體資料。

3、找一位擁有豐富的職業資料藏書的職業指導人員，並在指導期間充分利用這些資料和書籍。

4、完全的就業指導服務通常要面談兩次以上。

5、絕對不要接受函授就業輔導。

▼避免選擇那些競爭激烈的職業和事業

據統計，世界上謀生的方法共有兩萬多種以上。想想看，二萬多！但年輕人可知道這一點？在一所學校內，三分之二的男孩子選擇了五種職業——二萬種職業中的五項——而五分之四的女孩子也是一樣。難怪少數的事業和工作會人滿為患，難怪白領階層之間會產生不安全感、憂慮和「焦慮性的精神病」。特別注意，如果你要進入法律、新聞、傳播、電影等這些已經過度人滿為患的圈子內，你必須要下更大的功夫。

▼避免選擇那些生存機會只有十分之一的行業

例如，推銷人壽保險。每年有數以千計的人——經常是失業者，事先未打聽清楚，就開始貿然推銷人壽保險。據業內人士透露，九十%首次從事人壽保險的人弄得又傷心又沮喪，結果在一年內紛紛放棄。至於留下來的，十人當中的一人可以賣出十個人銷售總數的九十%，另外九個人只能賣出十%的保險。換個方式來說，如果你從事人壽保險，那你在一年內放棄而退出的機會比例為九：一；留下來的機會只有十分之一。即使你留下來了，成功的機會也只有一%而已，否則你僅能勉強糊口。

▼全面認識你將從事的職業

在你決定投入某一項職業之前，先花幾個禮拜的時間，對該項工作做個全盤性的認識。如何才能達到這個目的？你可以和那些已在這一行業中做過十年、二十年或三十年的人士面談。這些會談對你的將來可能有極深的影響。

你如何獲得這些職業指導會談呢？為了便於說明，姑且假設你打算當一名建築師。在你作最後決定之前，應該花幾個禮拜的時間，去拜訪你城裡和附近城市的建築師。你都可以打電話到他們的辦公室。你可以寫信給他們，內容大致如下：

能否麻煩您幫個小忙？我希望能接受您的指導，我現年十八歲，正考慮學習做一名建築師。在我作最後決定之前，很希望向您討教。

如果您太忙，無法在辦公室接見我，但願意賜半個小時的時間回信給我，那我將感激不盡。

以下就是我想向您請教的問題：

- 如果您的生命再從頭開始，您可願意再做一名建築師？
- 在您仔細打量我之後，請問您，您是否認為我具有成為一名成功建築師的條件？
- 建築師這一行業是否已人滿為患？
- 如果我學習四年的建築學課程要找工作是否困難？我應該先接受哪一類的工作？
- 如果我的能力屬於中等，在前五年當中，我可以希望賺多少錢？
- 當一名建築師，有什麼好處和壞處？
- 如果我是您兒子，您願意鼓勵我當一名建築師嗎？

在最短時間內找到好工作

▼多管道收集資訊

看報紙寄履歷的時代已經過去了，現在找工作要求的是速度快、定位準、門路廣。有些公司的職位空缺，並不一定會對外發佈消息，不少是透過相關人士的穿針引線。所以在工作中建立龐大的人際關係或和同學保持聯繫，就顯得相當重要，也許他就是你跳槽時的貴人。另外，多參與同業的團體或組織，也是不錯的方式，很可能在聚會中就獲得第一手的求職資訊，更是打聽組織文化和報酬的消息來源。

▼充分利用電腦網路

可以從你所感興趣的行業和公司下手，多方收集相關資訊，現在有點規模的公司都有自己的網站，在那裡你不僅可以瞭解公司的動態，還可以時常查詢到求職資訊。如果你能在進入這個公司或行業之前，就得知有關的企業文化、薪資福利、公司結構等資訊，將有助於你做出跳槽的正確決定。

▼做到知己知彼

瞭解別人就是增加自己的實力，因此，除了未來的潛在企業之外，不妨多花一點心思，注意報章雜誌的分析報導，全盤掌握整個產業的發展狀況，特別是有關於併購、增資和縮減的消息，並針對幾家同級企業深入瞭解，預知未來可能面對的問題。當然，對於公司積極參與的公益活動不妨多留意。這些收集資訊的工作是你在平常就可以多方留心的。也許你會有白費工的感覺，可是當有朝一日你獲得面談機會時，它就是你致勝的利器。

▼精心準備履歷

履歷是公司對你的第一印象，也是為你贏得面試機會的關鍵，因此千萬不可小看。簡潔之外，最重要的是要「令人垂涎」。「令人垂涎」的意思並非要你在履歷上寫些不實或花俏的自述，它強調的是你應該讓人有一探廬山真面目的渴望。

怎樣的履歷能獲得老闆的青睞呢？條理分明，一目了然非常重要，最好是以電腦打字編排，方便閱讀。原則上履歷表的長度以不超過一頁為佳，如果一頁不足以盡述，那麼至少第一頁必須是簡短的摘要，累贅而冗長的履歷可能意味著你不夠體貼，沒有顧及到閱讀者的時間壓力。

當然，厚厚一疊履歷並不總是給人壞印象，一位人力資源經理表示，他就曾被一名應聘者長達數十頁的履歷所吸引。但其前提是經歷必須夠精采，文筆要好，條理分明仍不可少，因此這樣的作法，並不是每個人都可以嘗試的。

具體指出自己過去傑出的表現時，很多人總會用這樣的陳述：我曾管理過四百名以上的員工，其實更好的說法是：我負責管理行銷部門，在過去三年替公司創造了年成長率百分之十四的利潤，公司的成長同時也意味著個人的進步。

另外，履歷中最忌諱不實的言論，過度吹噓的內容讓人覺得反感，而且總有拆穿西洋鏡的時候，通常需得如此吹捧自己的人，總讓人感覺不是能力不足，就是企圖掩飾什麼。再者，如果應試者花費如此大量的時間在履歷上，那極可能給人不懂時間管理的印象。

當你準備好一份令人垂涎的履歷之後，最後一關是，讓履歷正確無誤的送達面試者的手中，記住，你不一定要將它寄給人事廣告上的收件人，不妨先查出你想應聘部門的主管姓名，直接寄給他，但發信之前，記得確認他的職稱和姓名。

▼上陣前先演習

熟能生巧同樣可以運用在面試技巧上，千萬不可毫無準備就貿然前往，找個熟識的朋友，先和他來場預演，請他客觀地對你的答案和儀態提出建議，透過事先的演練，可以讓你更瞭解自己的優點，並加以充分發揮。

在面試的過程中，主考官可能會針對你的履歷表發問，最好能事先準備言簡意深的說法，表達意見並適度介紹自己。

人力資源經理在應聘新人，特別是管理階層時，很重視面談者對新工作的瞭解程度，他希望找到的人是真正對這個行業有興趣，並且在面試前曾對公司主動瞭解，而不是盲目尋找。事前收集資料，會讓面試者產生你是公司一份子的感覺。

在裝扮上也應特別注意，如果企業文化是較休閒、不拘小節的，那你的打扮也不需太正式，促使他們感覺你是可以和大家融為一體，和平相處。

成功自我推銷的九個要領

「自我推銷」是現代應徵者在躋身於眾多競爭當中一個重要的表現自我方式，每一行業的專業人士如果關心自己在專業上的表現，就應該細心思考自我推銷的方式。如何推銷自我，找到自己的人生舞臺？怎樣才能不會與機會擦肩而過？

以下總結出九點技巧可供參考：

▼對自己表現出十足的信心

有人常常對自己的能力和特長，缺乏自信心，總覺得自己這也不行那也不行。這大可不必。只要你增加一點勇氣，大膽一試，不行了再重來，學個經驗也不錯。

▼盡可能在各種場合下與別人相互交換名片

如果要把自己推銷出去，我們就必須記得無論到哪裡，或者外出做什麼事，總要在皮包、外套和公事包中，多放一些自己的名片，準備與別人進行交換。當別人向你詢問一些事情時，就可以很自然地把它寫在名片上，讓別人有很多的機會常常看到你的名字，但請記住，千萬別給人一張已有摺痕或汙損的名片，那樣會破壞你給別人留下的印象。

▼必須有一種鍥而不捨的韌性

從某種意義上講，推銷自我是一場心理之戰。誰有耐心，誰有韌性，誰不放棄最後百分之一的努力，誰就可能是最後的勝利者。因此，我們可以這麼說，一次成功的自我推銷，推銷出去的是一種精神，一種品格，一種良好的心理素質。善於把握機會的人，機會隨時與他有約；有耐心和韌性的人，機會就不容易從身邊溜掉。

▼克服害羞的心理障礙

在大型聚會上怯場或者推銷時表現出害羞的狀態，通常是自我推銷過程中的大忌。而要把自己成功推銷出去，肯定要少不了在各大公眾場合與別人進行接觸和交流，而且交流的方式也很多，小在會議室裡散發名片，大在全國性的媒體中發表演說，而選擇和自己個性與目標相互協調的自薦方法，是相當重要的。

▼積極主動

目前很多成功的事例表明，要找到理想的職業，光靠求職廣告是不夠的，因為很多公司會直接進校園選才，而同時你對需要人的公司也並不真正瞭解。因此，應該走出校門，在「第二戰場」尋求推銷自我的機會。

▼不要毫無保留地把自己都展現在別人面前

求職者在與用人公司交談時，沒有必要再現一個真實的自我，因為許多東西無法表現，特別是缺點千萬別暴露，許多東西不能太真實。另外還要注意臨場發揮，所以要瞭解企業背景資料，再和他們談，如果真想去，就得研究他們是需要什麼樣的人，就努力把自己向哪方面包裝，越接近越容易成功。

▼始終保持熱情

參加任何活動時，早一點到，可以與他人聯絡感情，不要在晚宴後匆匆忙忙地急著離開，多和同事、上司、客戶聊聊天。參加公司旅遊、生日餐會和下班後的聚會，都要表現得優雅從容。此外，要盡可能的回覆別人的來電，如果你調離了原單位或是另有高就，也要與以前的同事繼續保持聯絡，讓他們隨時可以找到你。請記住，在現代的社會裡，擁有良好的人際關係是成功致勝的重要關鍵。

▼定期宣傳自己

在每一次的會議或活動之後，寄上一張精致的謝卡和幾句得體誠懇的謝詞，可以強化別人對你的良好印象；此外，如果你們今天吃飯時正討論到一個話題，而次日剛好有一篇關於該話題的報導，把它剪下來寄給對方，這會令對方十分高興並且能更加深彼此的共同興趣和良好關係。

▼注重自己形象的包裝

「良好的開端是成功的一半」，為了能給對方留下一個美好的第一印象，求職者在外形上要注意對自己的包裝。例如，穿著要配合自己的個性氣質，自然得體，相得益彰，千萬不要誇張。給自己信心，也是尊重別人。

方法七

使自己在工作中脫穎而出

愛迪生說：「只有膚淺的人相信運氣。堅強的人相信凡事有果必有因，一切事物皆有規則。」要怎麼收穫先怎麼栽，這比等待好運從天而降可靠多了。滿懷熱情地投入到工作之中，是從消極等待轉為積極爭取，加快自我實現的不可忽視的手段。

LET THE **DREAM** BEGIN

進入新工作必須迅速適應新角色

▼儘快適應工作

加入工作之前，人們往往對未來懷有遠大的報負和許多美好的夢想，希望事業獲得成功，渴望闖出一番「驚天動地」的大事業。

但是，進入工作崗位後，許多人很快就發現，自己對未來考慮得過多，卻忽視了眼前最重要的事情。因為，他們都明顯地感到：自己對職業工作在很多方面都不適應。於是，有的人開始煩躁不安，有的人憂心忡忡，甚至還有一些人完全失去了自信心，精神上十分痛苦。

一般說來，人們對工作的不適應，主要表現在以下幾個方面：

1、對所從事職業的意義、重要性認識不深，對各種嚴格的要求不適應。

2、對工作時間、工作環境以及緊張程度不適應。

3、對工作中各種資訊引起的諸如感覺、知覺、注意、情緒、情感等心理反應不適。

4、工作需要的知識、技能與自己原有的知識、技能不平衡而引起的不適應。那麼，面臨這種境況時，應該怎麼辦呢？

▼把工作置於首位

許多剛剛加入工作的人覺得不適應，過去自己掌握時間、靈活安排學習和娛樂活動的生活，被嚴格的一分不差的工作制度取代。這時，人們難免會感到時間緊迫、工作繁重。但是，如果能把工作置於首位，一切以本身工作為中心，合理地安排工作和業餘生活，經過一段時間，人們是完全可以習慣的。

▼儘快熟悉工作

剛加入工作時，人們因進入一個陌生的環境，常常出現手忙腳亂、不知所措的感覺。要解決這個問題，除了儘快地熟悉工作內容以外，還要能夠把握正常的工作模式，使工作變得系統化，應清楚哪些工作要先做，哪些需要後做，然後進行統籌安排。

▼提高工作技能

有些人不能適應職業工作，很大程度上是因為自己所具備的知識和技能與工作要求不相符。解決辦法，就是在本職工作中豐富自己的知識，提高工作技能。在這裡，除了要有堅強的毅力外，還須掌握科學的方法和具有足夠的自信心。

對於加入新工作的人來說，在工作中出現各種不適應，是必然的，但同時我們也應看

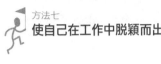

到，它可能是一種暫時的現象，人們大可不必太過憂慮。如果能夠以積極的態度和行動對待之，大多數人一定可以擺脫「困境」，並從工作中得到無限的樂趣和享受。

▼儘快適應人際關係

當人們進入工作崗位以後，面對的不僅是某些具體的工作，還有從事這些工作的人。對職業工作要進行適應，對工作中出現的人與人之間的各種關係，也需要進行適應，即人際關係的適應。

從某種意義上來說，工作是「死」的（具有一定的穩定性），比較容易適應，而人是「活」的，有思維能力，有喜、怒、哀、樂，有七情六慾，適應起來就比較困難，需要的時間也更長些。

在多數的公司中，各類人員年齡不同、經歷各異，文化修養亦有很大差異，表現出多方面、多層次的人際關係。各種利害，權力結構的作用尤其明顯。對於這一點，每個剛加入工作的人，都要有充分的精神準備。人際環境的適應，一般主要表現在與領導者和同事關係的相處上。

應該怎樣與領導者相處呢？

▼尊敬

尊敬就是維護領導者的權威。具體應該做到：不頂撞領導者的喜好和忌諱；領導者理虧時，要給他留個臺階下；領導者有錯時，不要當眾糾正；要與領導者保持一定距離。

▼讚美

適度的讚美是贏得上司的青睞、縮短與上司的距離。恰到好處的讚美被譽為「具有魔術般的力量」、「創造奇蹟的良方」。稱讚他人是一門學問，稱讚應讓人感覺到是發自內心的，而不是應付式的恭維、阿諛、拍馬屁。

▼諒解

站在以工作為重的立場上，設身處地地為領導者分憂，替他們著想。

▼幫助

在領導者遇到困難時，伸出援助之手。如果能做到這三點，人們當可在人際環境的適應中，邁出一大步。

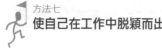

在工作中與同事也要保持一種正常、融洽的關係。主要可從以下方面努力：

▼遇事多商量

工作中會遇到許多需要相互協同完成的事，這時，不要自作主張，而要多和同事商量，以取得他們在執行上的配合。

▼謙虛坦誠

身為同事，地位相等，談話中切不可表現出高人一等的樣子。如不同意同事的意見，可闡述理由，正面論述，切不可語帶譏諷。

▼當面交換意見，消除誤解

同事間隨時都可能產生矛盾，或意見相左。這時，應當面把自己的意見說出，來謀求相互的瞭解和合作，不可背後散佈消息，互相攻擊。平時盡可能多交談，聯絡感情。

樹立強烈的事業心

當人們投入到職場洪流中，開始一種嶄新生活的時候，工作、事業就成了人們一切活動的中心。如果想在工作、事業上有所成就，那麼，人們首先就必須具有強烈的事業心。

事業心，就是指人們想成就某一事業的雄心。它是事業成功的基石，是任何一個想成就事業的人所必不可少的。世界上一切為人類幸福事業做出過偉大貢獻的人，無不是在它的推動下一步步走向光輝的頂點。

勤懇、埋頭苦幹的敬業精神很值得提倡，但必須注意效率，注意工作方法。有很多人表面上工作認真、兢兢業業，但忙忙碌碌一輩子也沒做出多少成績，不僅沒得到公司的提拔，反而在公司和同事中留下不好的印象，實在是太可惜。苦幹是公司喜歡看到的，但公司更喜歡有頭腦高效率的下屬。不妨設想一下，公司有同樣一項任務，交給甲需要一個月才能完成，交給乙可能僅要兩週時間就可能完成，那麼領導者在用人時首先考慮的就可能是乙而不是甲。所以說苦幹並不等於蠻幹，必須善用腦袋想辦法，提高工作效率。

專業知識與專業技能是致勝的關鍵

一位學者曾指出，成功＝能力＋興趣＋性格＋價值觀

在公式中，能力居於第一位。在工作生涯想要出人頭地，除了具備一般知識和能力外，專業知識與專業技能才是致勝的關鍵。尤其是在「知識爆炸」的時代，要重視終身學習與專業能力。至於學歷、文憑只是美麗的外表。

冷僻、熱門的行業變化速度非常快，五年前炙手可熱的職業，五年後可能風光不再。「捧不破的鐵飯碗」可能因為經濟不景氣、產業外移等外在因素而變得岌岌不保。內在、外在環境的劇變，對企業經營的考驗是殘酷的，而企業組織的精兵變革對員工的工作保障更是無情的。世界在變，經濟在變，企業組織在變，工作也在變。因此，人們選熱門行業，或是找個大企業，捧著好飯碗過一輩子的就業模式，正在逐步瓦解。

有人將未來工作世界所面臨的衝擊，歸納為以下七點：

1、工業或製造業的就業人數減少，而服務業和資訊業的工作機會增多。

2、人力需求結構以高、低兩階層人才為主，大量文書工作被電腦取代，形成兩極化現象。

3、技術及職業變動快速，失業將是一個長久存在的問題。

4、個人轉業的次數增加，未來的工作世界將是個學習的社會。

5、就業市場需要具有廣博知識及技術基礎的專業人員。

6、研究發展的工作將日趨重要。

7、更多婦女將進入就業市場。

外在世界變化如此快速，新的工作、新的專業人才，正以等比速度增加，我們應該如何應對呢？

▼強化自己的專業知識與相關知識

現代社會分工越來越細，要在專業領域內有專精的、而其他人無法取而代之的事項。例如：心理輔導人員專業領域內可以專精的方向很多，包括婚姻輔導、家庭治療、遊戲治療、生涯輔導、認知治療、行為療法。細分下去，以生涯輔導為例，可以區分為兒童、學生、職業的上班族等而有所不同；或是以性別而區分為男性生涯規劃及女性生涯規劃；或是為企業組織設計全體員工的生涯輔導方案。面對不同物件與個人的專長、經驗、興趣等而有專業上的區別。不僅輔導人員如此，工程師、律師、會計師等職業更是逐漸走向個別化、專業化的時代。不可能某位律師可以處理所有的法律問題，各司其職的專門律師事務所亦將取代綜合律師事務所。

▼增加工作的附加價值

在工作條件要求方面，企業對人才的要求由過去的學歷至上，轉變為經驗與能力至上。除專業技能外，個人還須具備管理能力。工作的附加價值在於你可以扮演多重角色，比方說：你可以是工程師，同時也是管理者，你不僅可以獨立做研究的工程工作，你也能夠負責整個部門的進度與績效。這就是所謂「一人多用」、「全方位的磨練」。

▼充實基本技能

例如電腦操作與使用，以及外語能力。適應全球國際化，缺乏外語能力，就像是啞巴、瞎子或聾子，對外國的資訊無法有效地吸收、學習。至於電腦，現在的日常生活已經與電腦緊密結合，息息相關，國際網路大幅縮小了地球村的範圍，所以電腦知識已成為重要的常識與技能。家庭主婦可以運用電腦購物、文書編輯、財務管理等，資訊化已逐漸普及於各行各業。

放下身段，從基礎做起

維斯卡亞公司是美國八〇年代最為著名的機械製造公司，其產品銷往全世界，並代表著當今重型機械製造業的最高水準。許多人畢業後到該公司求職遭拒絕，原因很簡單，該公司的高技術人員爆滿，不再需要各種技術人才。但是令人垂涎的待遇和足以自豪、炫耀的地位仍然向那些有志的求職者閃耀著誘人的光環。

詹姆斯和許多人的命運一樣，在該公司每年一次的徵人面試會上被拒絕申請，其實這時的徵人面試會已經是徒具虛名了。詹姆斯並沒有死心，他發誓一定要進入維斯卡亞重型機械製造公司。於是他採取了一個特殊的策略——假裝自己一無所長。

他先找到公司人事部，提出為該公司無償提供工作，請求公司分派給他任何工作，他都不計任何報酬來完成。公司起初覺得這簡直不可思議，但考慮到不用任何花費，也用不著操心，於是便分派他去打掃工廠的廢鐵屑。一年來，詹姆斯認真的重複著這種簡單但是勞累的工作。為了糊口，下班後他還要去酒吧打工。這樣雖然得到老闆及員工們的好感，但是仍然沒有一個人提到正式錄用他的問題。

一九九〇年初，公司的許多訂單紛紛被退回，理由均是產品品質有問題，為此公司將蒙受巨大的損失。公司董事會為了挽救頹勢，緊急召開會議商議解決，當會議進行一大半卻尚未見眉目時，詹姆斯闖入會議室，提出要直接見總經理。在會議上，詹姆斯把問題出現的原因作了令人信服的解釋，並且就工程技術上的問題提出了自己的看法，隨後拿出了自己對產品的改造設計圖。這個設計非常先進，恰到好處地保留了原來機械的優點，同時克服了已出現的弊病。總經理及董事會的董事見到這個編制外的清潔工如此精明，便詢問他的背景以及現狀。詹姆斯面對公司的最高決策者們，將自己的意圖全盤托出，經董事會表決，詹姆斯當即被聘為公司負責生產技術問題的副總經理。

原來，詹姆斯在做清潔工時，利用工作到處走動的特點，細心察看了整個公司各部門的生產情況，並一一作了詳細記錄，發現了所存在的技術性問題並想出解決的辦法。為此，他花了近一年的時間設計，做了大量的統計資料，為最後一展雄姿奠定了基礎。

以開朗的心情工作

大約有八十%的上班族每天一大早起床後，開始幫他們一點也不尊敬的人，做極度痛恨的工作。只為了一份微薄的薪水，耗去了他們如此日復一日長達四十到五十年的青春歲月！這是多麼令人吃驚又充滿警示性的統計數字。

你屬於這群人中的一分子嗎？如果是，我要在這裡告訴你：「千萬不要成為這樣的人！」

作家約瑟夫・康拉德認為：「工作正是發現自己的機會。」如果你把工作看成是懲罰，就永遠實現不了自己的目標。

大仲馬的寫作速度是驚人的。他一生活了六十八歲，到晚年自稱畢生著書一千二百部。他白天與他作品中的主角生活在一起，晚上則與一些朋友交往、聊天。

有人問他：「你辛苦寫了一天，第二天怎麼仍有精神呢？」

他回答說：「我根本沒有辛苦寫過。」

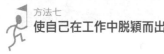

「那是怎麼回事呢？」

「我不知道，你去問一棵梅樹是怎樣生產梅子的吧！」看來大仲馬是把寫作當作了樂趣，當作了生活的全部。

有個美國記者到墨西哥的一個部落採訪。這天是個市集日，當地土著人都拿著自己的物品到市集上交易。這位美國記者看見一個老太太在賣檸檬，五美分一個。

老太太的生意顯然不太好，一上午也沒賣出去幾個。這位記者動了惻隱之心，打算把老太太的檸檬全部買下來，以便使她能「高高興興地早點回家」。

當他把自己的想法告訴老太太的時候，她的話卻使他大吃一驚：「都賣給你？那我下午賣什麼？」曾有人說：「人生最大的生活價值，就是對工作有興趣。」

做同一件事，有人覺得做得有意義，有人覺得做得沒意義，其中有天壤之別。做不感興趣的事所感覺的痛苦，彷彿置身在地獄中。愛迪生曾說：「在我的一生中，從未感覺在工作，一切都是對我的安慰……」

我們對工作不再興致勃勃時，就會產生職業倦怠。職業倦怠不是說來就來的，而是由日常工作中的挫折、焦慮、沮喪，日積月累而成。職業倦怠和挫折、焦慮、沮喪的差異在於，後者發生頻率較高，時間也持續較長。喪失鬥志的你對疾病的抵抗力減弱，睡眠時間相同卻老覺得不夠，注意力也愈來愈不能集中，到最後乾脆放棄嘗試、什麼也不在乎了，工作變得沒有意義；甚至，人生也沒有什麼價值可言。想要趕走倦怠，而變得興致勃勃，說的要比做的容易多了。原因在於大多數人覺得為了工作有效率，他們必須有所激勵，但是很少人瞭解激勵與工作表現互為因果。如果你能強迫自己努力工作，而達成一些初期的成功目標後，就會發現工作愈做愈有興致。無論工作多麼艱難，都必須明白：成功的路只有一條，那就是努力工作。

暫時把挑毛病的老闆、難伺候的顧客、永遠辦不完的公事、薪資少、工作無聊和沒人肯定等不愉快的事丟在一旁。等你恢復工作意願，更有能力接受挑戰時，這些剝奪你信心和自制力的外力，還是會屹立如昔，等待接受你的挑戰。現在你最需要的是重新掌握你的人生，把過去這幾個月或幾年中耗盡的精力再找回來。下面是幾個有用的方法：

▼先挑一個小目標

最好先挑一個小目標，因為這樣成功的機會比較大。事實上，你應該把自己設定在成功的位置上。所以，你的目標應該要明確，可量化，並能在一定期間內完成。目標的達成可使你重拾信心，再朝另一個容易達成的小目標前進。還有，達成目標時，一定要獎勵自己（例如：捶捶背、暫停工作、休息一下，或到一家特別的餐廳用餐）。

▼控制壓力因素

當動物或是人類遇到威脅時，不外有下列兩種反應：攻擊或逃走。身為職業倦怠的受害者，你已經失去了反擊或辭掉工作的動機。一方面覺得無聊、沮喪、懶洋洋；但另一方壓力卻不斷升高。表面看來，你似乎屈服於現狀，但在你體內，壓力卻大肆上升，讓你疲憊不堪。要減少壓力，首先須找出焦慮來源。並採取必要步驟，以重新掌握你的人生。

▼找朋友幫忙

你可能不願意這麼做，但是當你產生倦怠時，朋友常能適時伸出援手。找你最信任的朋友，把所有感受和你的計劃都告訴他們。如果他們真是你的知己，就會提醒你善加運用自己已遺忘的重要特質，來增強你的自信。他們也可能提出過去處理類似狀況的經驗，供你參考。如果他們沒有提供任何建議，（因為有些人會認為，只要專心傾聽就好），不妨開口問他們的意見，你的朋友會覺得受到重視，而你則會有更多意見可以參考，至於你們的友誼，就更加穩固了。

▼轉移焦點

許多工作內容都是因主事者而定的。而新人通常被要求依照前人的方式來工作。時時提醒自己，你不是被雇來複製別人的行為，而是來解決問題的。找出問題，看看你是不是能想出更好的解決辦法。也許這份工作的彈性比你想像的高；或許你可以把工作變得更符合你自己。例如：幾乎沒有人是被雇來接電話、就能領到薪水的，而是被雇來盡可能幫助來電者的。想想看，你為什麼會被錄用？

▼設定優先順序

把你的工作內容全部列成清單，然後把這些工作按：「比較重要」、「重要」、「較不重要」分級。接下來再看看哪些「較不重要」的工作可以刪除不做，或授權給更適合的人來做。再將「比較重要」及「重要」的工作分出優先順序。不要死板地把「比較重要」的工作更為優先，把「重要」的工作擺在後面。開始可以從「比較重要」的工作做起，接下來就可挑一個喜歡的工作來做，而將後者視為完成第一項工作的獎勵。

▼接受新的責任

如果工作已經變得無聊，你大概就不再能獲得什麼挑戰了。把因為刪除或轉移「較不重要」的工作而多出來的時間，拿來從事職責之外，或目前沒有專人處理的工作，找一些對你有挑戰、而且你極有興趣的責任來承擔。不要讓別人捷足先登，而且要適時向相關主管展現績效。

▼**繼續工作**

許多專家建議面臨職業倦怠的上班族辭去現有工作，另找一份更適合自己的工作；但是如果你得靠那份薪水養家糊口，就知道這個建議不是那麼容易達到，就算你真的找到另一份工作，也無法保證它一定比目前的工作好。

比較合理、實際、負責的做法是，找出目前這個工作讓你產生倦怠的原因，假使問題能加以改善，也許你就不需要另棲良枝了。不過，如果你已經換了另一個工作，那就努力避免類似問題的再度發生吧！

▼**保持信心**

如果你認為無法掌握自己的人生，認為自己老是勝少敗多，這只不過是使人看穿自己的無能罷了，要知道，職業倦怠與興致勃勃的最大差別是在於正確的態度。採取正確的態度就能化沮喪、挫敗為樂觀、自信與成功。

滿懷熱情的投入工作

有史以來，沒有任何一件偉大的事業不是因為熱誠而成功的。

佛里德利・威爾森曾是紐約中央鐵路公司的總裁，他有一次在廣播的訪問中，被問到如何才能使事業成功，這是他的回答：「我深切地認為，一個人的經驗愈多，對事業就愈認真，這是一般人容易忽略的成功祕訣。成功者和失敗者的聰明才智，相差並不大。如果兩者的實力半斤八兩的話，對工作較富熱誠的人，一定比較容易成功。一個具有實力而富熱誠的人，和一個雖具實力但不熱誠的人相比，前者的成功多半會勝過後者。

「一個熱誠的人，不論是在掃馬路，或者經營大公司；都會認為自己的工作是一項神聖的天職，並懷著濃厚的興趣。對自己的工作熱誠的人，不論工作有多麼困難，始終會用不急不躁的態度進行。只要抱著這種態度，任何人一定會成功，一定會達到目標。愛迪生說過：『有史以來，沒有任何一件偉大的事業不是因為熱誠而成功的。』事實上，這不是一段單純而美麗的話語，而是邁向成功之路的指標。」

怎樣才能提高工作的熱誠呢？佛里德利認為透過哈佛課堂上的案例討論，自己至少學到了以下六條規則：

一、全面瞭解你的工作及其意義

許多人覺得自己只是依附在一個大的、沒有人性的機器上的一個齒輪，因為他並不知道自己特定工作的重要性。同時，也因為他除了別人要他天天做的工作以外，並不想學習任何事情。

有人問起兩個在一起工作的人，他們正在做什麼，其中一個回答：「我正在砌磚塊。」而另一個答道：「我正在建造一座大教堂。」

瞭解一件工作或是產品，可以增加熱忱。著名的記者塔貝爾說過，她有一次花了好幾個星期，為一篇五百多字的文章搜集資料——雖然事實上她只用到資料的一部分。她解釋著說，那些沒有使用的資料，將會增加她所保存的實力。由於她所知道的東西比寫這篇文章所需要的更多，所以她能夠寫得更輕鬆、更有信心，以及更具權威。

班傑明・佛蘭克林小時候就懂得如何運用這個技巧。那時候他在一家臭味沖天的肥皂工廠裡打雜。由於他竭盡所能地學會了整個製造過程，所以對於自己為成品所做的微薄貢獻，也感到相當的得意。

工廠訓練推銷員的時候，要把產品的製造細節教給他們，雖然，這些知識在推銷的時候很少派上用場。但是，對自己產品的徹底瞭解，使得推銷員對顧客推銷的時候能夠更有權威和自信——也造成了更好的銷路。

我們對任何一件事知道得愈多，就會對它產生愈強烈的熱心。所以如果你對自己的工作不夠熱心，便該找出它的原因，很可能因為對自己的工作知道得不夠多——或是不瞭解自己對整個程式所做的貢獻。

二、訂出一個自己可以完成的目標

一個人必須固定他的視野——如果他立志要成功的話。他必須知道他正在為什麼目標而工作，然後他才可能鍥而不捨地完成它。一個知道自己目標的人，就不會因為挫折和失敗而洩氣了。

班傑明‧佛蘭克林寫道：「讓每個人確認他特殊的工作和職業，而且耐心地做著，如果他想要成功的話。」

英國詩人泰勒‧柯爾雷基是這方面的負面教材。他遺留給後代的詩大部分都是未完成的。他把自己的才華分散得太細微而浪費掉了。他生活在一個不真實的夢幻世界裡，在他死後，查理‧蘭姆寫信給朋友時說：「柯爾雷基死了，聽說他留下了四萬多篇有關神學的詩篇——沒有一篇是完成的！」

你必須明確認清對未來的目標和期望，並嘗試努力完成目標，而不要做那些模糊與不可能成功的白日夢。

三、天天替自己加油打氣

許多相當成功的人都發覺這是個建立熱忱的好方法。新聞分析家卡特本說，他年輕而毫無見聞的時候，在法國當推銷員，每天走訪一戶又一戶的人家，出發以前都要對自己說一番勉勵的話。

魔術大師荷華・索士帝常在他的化粧室裡跳上跳下，一次又一次大聲喊道：「我愛我的觀眾。」一直到他的血液沸騰起來；然後他才走到舞臺上，呈現一次充滿活力和愉快的表演。

你想充滿活力的話，不妨每天早上對自己說：「我愛我的工作，我將要把我的能力完全發揮出來。我很高興這樣活著，我今天將要百分之百地活著。」

四、訓練自己「為別人服務」

一個以自己為中心的工作者，一隻眼睛注視著時鐘，另一隻眼睛則注視著他的薪水，這樣的人必定很厭煩、很懶，而且不會成功。

為別人服務會產生熱忱。許多有能力的人選擇低薪的社會服務，而不去從事比較合適的職業以賺取更多的錢，這就是例證。

一個現代人的成功離不開別人的合作和支援，單打獨鬥也許暫時會成功，但是最後都會失敗的。最好是讓大家都伸出援助的雙手，而不是把他們的腳伸出來絆倒我們。而只有你產生為別人服務的思想，才能期望會有這種效果。

五、結交熱心的朋友

愛迪生說：「我最需要的，是有個人來叫我做我能做的事。」

從某種程度上說，我們沒有辦法控制自己的工作環境，但是我們可以嘗試培養工作和活力，以刺激自己更有創造力的思考和生活。

如果你希望自己充滿熱心，就要設法生活在對生命機警、有活力而且清醒的朋友的影響之中。每一個團體都有這種人，要把找出這種人當作你的職責，並且主動和他們交往。

另一方面，就是要避免和那些悶悶不樂的人交往，那些缺乏熱情，把他們的腳步和心思消磨在天天不變的例行工作上的人。

六、強迫你自己熱心地工作，你將會變得很熱心

詹姆斯教授早就在哈佛大學教導這個哲學了。

「如果你想要一種情緒，」詹姆斯說，「你就當作你已經有了這種情緒那樣工作著，而假裝你已經有了這種情緒，就必定會使你真的擁有這種情緒。如果你想要快樂，就快樂地工作。如果你想要痛苦，就痛苦地工作。如果你想要熱心，就熱心地工作。」

比別人多努力一些

兩個同齡的年輕人同時受雇於一家店鋪，並且拿同樣的薪水，可是叫阿諾德的小夥子青雲直上，而那個叫布魯諾的小夥子卻仍在原地踏步。布魯諾很不滿意老闆的不公正待遇。終於有一天他到老闆那兒發牢騷了。老闆一邊耐心地聽著他的抱怨，一邊在心裡盤算著怎樣向他解釋清楚他和阿諾德之間的差別。「布魯諾先生」老闆開口說話了，「您今早到集市上去一下，看看今天早上有賣什麼。」布魯諾從集市上回來向老闆彙報說，今早集市上只有一個農民拉了一車蕃薯在賣。「有多少？」老闆問。

布魯諾趕快戴上帽子又跑到集上，然後回來告訴老闆一共四十袋蕃薯。

「價格是多少？」

布魯諾又第三次跑到集上問來了價錢。

「好吧，」老闆對他說，「現在請您坐到這把椅子上一句話也不要說，看看別人怎麼做。」

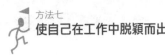

老闆用同樣一件事叫阿諾德去做。阿諾德很快就從集市上回來了，並說到現在為止只有一個農民在賣蕃薯，一共四十袋，價格是多少多少；蕃薯品質很不錯，他帶回來一些讓老闆看看。這個農民一個鐘頭以後還弄來幾箱番茄，據他看價格非常公道。昨天他們店裡的番茄賣得很快，庫存已經不多了。他想這麼便宜的番茄老闆肯定會要進一些的，所以他不僅帶回了一個番茄做樣品，而且把那個農民也帶來了，他現在正在外面等著。

此時老闆轉向了布魯諾，說：「現在你知道為什麼阿諾德的薪水比您高了吧？」

布魯諾跑了三趟，才在老闆的不斷提示下，瞭解了菜市場的部分情況；而阿諾德僅一趟，就掌握了老闆需要和可能需要的資訊。現實生活中也有不少人像布魯諾那樣，上司吩咐什麼，就做什麼，自己從不用腦，結果長期不被重用，還怠嘆命運的不公平。而像阿諾德那樣辦事高效、靈活的人，不僅圓滿完成上司交辦的任務，還主動給上司提供參考意見和盡可能多的資訊，自然會得到上司的賞識和青睞。

比別人多努力一些，就擁有更多的機會。

克服阻礙事業成功的十項行為模式

美國的巴特勒博士經過二十多年的研究，總結出阻礙事業成功的十項行為。他指出，如果我們能夠克服和避免它們，就等於向成功靠近了一步：

▼自信心不足

這種人患有「事業懼高症」。他聰明、富有經驗，但是一旦被提拔，反而變得毫無自信，覺得自己不適任；此外，他沒有往上爬的野心，他覺得自己的職位已經太高，或許低一、兩級可能還比較適合。

這種自我破壞與自我限制的行為，有時候是無意識的。但是，身為企業中、高階主管，這種無意識的行為卻會讓企業付出很大的代價。從基層做起，領導過無數優秀部屬的惠普科技董事長余振忠，看過很多這樣的人。「他們沒有給自己打一個對的分數。」他指出，這些人對自己的看法是負面的，總覺得有成就是因為運氣好。所以，主管必須協助這種人，把自我形象扭轉為正面。

▼為人處世太死板

他們眼中的世界非黑即白，他們相信，一切事物都應該像有標準答案的考試一樣，客觀地評定優劣。他們總是覺得自己在捍衛信念、堅持原則，但是，這些原則，別人可能完全不以為意。結果，這種人總是孤軍奮戰，常打敗仗。企業對這種人的容忍度正在降低，因為很難有人跟他相處。比較可能容忍這種行為的領域是藝術或研發部門；愈遠離市場需求，愈適合他們。

▼害怕衝突

這種人不惜一切代價，避免衝突。一位本來應當為部屬據理力爭的主管，為了迴避衝突，可能被部屬或其他部門看扁。為了維持和平，他們壓抑感情，結果，他們嚴重缺乏面對衝突、解決衝突的能力。其實，不同意見與衝突，反而可以激發活力與創造力。

▼強力壓制反對者

有這種性格的人言行強硬，毫不留情，就像一部推土機，凡阻擋去路者，一律鏟平，因為橫衝直撞，攻擊性過強，不懂得繞道的技巧，結果只會阻礙自己的事業生涯。對於這種凡事「先發制人」的人，華得盧與巴特勒認為，必須訓練他們具有同理心，學會「你願意別人怎麼對待你，你也要怎麼對待人。」的真諦，異地而處。

▼急功近利

這種人過度自信、急於成功，就好像棒球打擊者一天到晚夢想擊出全壘打。他們不切實際，找工作時，不是龍頭企業則免談，否則就自立門戶。進入大企業工作，他們大多自告奮勇，要求負責超過自己能力的工作。結果任務未達成，但是他不會停止揮大棒，反而想用更高的功績來彌補之前的承諾，結果成了常敗將軍。這種人大多是心理上缺乏肯定，必須找出心理根源，才能停止不斷想揮大棒的行為。除此之外，也必須強制自己「不做為，不行動」。

▼恐懼當家

他們是典型的悲觀主義者、杞人憂天。採取行動之前，他會想像一切負面的結果，感到焦慮不安。這種人擔任主管，會遇事拖延，按兵不動。因為太在意羞愧感，甚至擔心部屬會出醜，讓他難堪。

美國總統羅斯福說：「我們唯一需要害怕的，是害怕本身。」華得盧與巴特勒認為，這種人必須訓練自己，在考慮任何事情時，必須列出清單，同時列出利與弊，改變與維持現狀的差異，控制心中的恐懼，讓自己變得更有行動力。

▼試圖作「無情者」

這種人完全不瞭解人性，很難瞭解恐懼、愛、憤怒、貪婪及憐憫等情緒。他們打電話時，連招呼都不打，直接切入正題，缺乏將心比心的能力，他們想把情緒因素排除在決策過程之外。工程師、會計師等專業人士，常有這樣的行為模式。

巴特勒指出，這種人必須做一次「情緒檢討」，瞭解自己對哪些感覺較敏感。問朋友或同事，是否發現你忽略別人的感受，搜集自己行為模式的實際案例，重新演練整個情境，改變行為。

▼眼高手低

他們常說：「這些工作真無聊」。但是，他們內心的真正感覺是：「我做不好任何工作」。他們希望年紀輕輕就功成名就。但是他們又不喜歡學習、求助或徵詢意見，因為這樣會被人以為他們「不適任」，所以他們只好裝懂。而且，他們要求完美卻又嚴重拖延，導致工作嚴重癱瘓。華得盧與巴特勒認為，這種人必須自我檢討，並且學會失敗，因為，失敗是成功的夥伴。

▼說話不分場合

這樣的人不知道，有些是可以公開談，有些是只能私下說。他們通常都是好人，沒有心機。但是，古諺說：通往地獄之路是由善意鋪成。在講究組織層級的企業，這種管不住嘴巴的人，只會斷送事業生涯。這種行為，在必須替客戶保密的行業裡，特別不能容忍。所以，必須隨時為自己豎立警告標示，提醒自己什麼可以說，什麼不能說。

▼沒有歸屬感

他們覺得自己失去了生涯的方向，「我走的路到底對不對？」他們這樣懷疑。他們覺得有無力感、自己的角色可有可無，跟不上別人、沒有歸屬感、挫折。華得盧與巴特勒認為，應該重新找出自己的價值與關心的事情，因為，這是一個人生命的最終本質。

使自己在工作上迅速脫穎而出

雷登是一年級的大學生，他在休斯頓找到一份停車場的工作。其他許多年輕人也在做這個工作，不同的是雷登把它看成自己的職業，認真對待它，因此在工作上得以迅速的起步。在他三十六歲時他榮膺了停車服務公司的總經理職務。

珍妮大學畢業後來到吉尼斯科公司的米勒工廠接受培訓。二十五歲時，她成為米勒工廠的廠長。三十歲時，她當了巴特瑞克時裝公司的總經理。三十六歲時，她被提名為管理一個年銷售額超過六億五千萬美元的時裝集團的副總經理。

像上面這樣的事例很多，他們都說明了一個非常重要的道理，那就是：在新的工作上迅速起步，意味著你距離在事業上成功只有一步之遙。這個道理不僅適用於剛剛投入工作崗位的年輕人，它同樣適用於在任何時候一個人變換了他的工作的情況。你上升的越快，你的目標也會越高，說明你越具有領導能力。相反，一個懶散的開端使你對自己的期望降低。

管理學家湯姆斯・菲倫斯等人在研究了九個大企業的情況之後還發現：這些大型企業都很快對其新的成員做出判斷。而不管這些判斷起初是否正確，它們都自動地實現了。

湯姆斯教授認為，以下策略能幫助你在新的工作上脫穎而出，奠定成為領導者的基礎。

▼使自己儘快被人發現

傑克發現自己在一家很大的紐約廣告公司裡處於一群競爭力很強的年輕的同事之間。他們被分配去調查各藥店的銷售情況。而這些藥店經理卻常常藉故把調查者匆匆打發走。傑克決定採取一項非常特殊的策略。他借了一套高級西裝，租了一輛配有司機的轎車，然後他命令司機把車子停在每一個藥店門前。藥店經理非常歡迎這樣高貴的拜訪，於是傑克為廣告公司帶回了大量的調查記錄。公司很也快將他提昇到一個重要的位置。

▼精心完成你的第一次任務

凱姆從哈佛商學院畢業後，接受了在萊渥兄弟公司的任職。這是一家批發保健和美容產品的公司。他並不清楚自己有沒有推銷產品的本事，但他決心成為一個出色的推銷員。其他推銷員每週工作到三、四十個小時，他卻每週工作六天，每天工作十二小時，不停地給顧客打電話推銷產品。這樣，他大大超出公司給他定的推銷任務，於是很快在職位上獲得調升。現在他是萊明頓公司的總經理。

▼全面瞭解工作環境

格里芙半路出家，由新聞業轉入克利夫蘭信託公司。格里芙說：「剛進公司，我就決定要在頭三個月內瞭解銀行所有的業務。」

於是，她除了工作之外，每天都不斷打聽每一個部門的情況，記住不同部門的名字和位置。她還每天向銀行不同崗位的人員打聽，問人家：「你們那些同事們到底在幹些什麼呀？」

三個月之後，連許多銀行的資深人員都來靠她提供迅速和權威的資訊，她成了資訊源。這樣，她很快升任了公共關係部門的經理。

談到這個簡單的技巧時，她始終興奮不已，說到：「任何人都可以在一個大的機構中做到這一點，這一點不難，可結果卻非常奇妙。」

▼先回答「當然可以」，然後再考慮如何來做

經理們一般喜歡能夠接受挑戰而且努力去戰勝挑戰的部下。哈佛德曾是一個熟練的建築工人，後來到德克薩斯的一家公司工作。他的新工作是全廠的機械維修。一天，公司經理召見他，問他：「哈佛德，公司現在希望製造一種機械，你看能不能設計一個這樣的裝置呢？」

哈佛德想了一下說：「可以。」事後談起此事，他說：「我當時對那個機器的設計連點概念也想不出來，我只覺得我不能說不行。」

經過多次試驗，他終於設計出了這種裝置，解決了老闆的問題。福勒很快被提升為工程師，後來又升為總工程師。

▼鼓起你的熱情

一個充滿熱情的新人能帶動起整個一個部門。當然有些時候你也會情緒低落，但也有方法使你走出情緒的低潮，那就是：如果你希望自己有熱情，那就在行動上先熱情起來。內在的熱情也就會隨之而來，而且會在你的同事和上司那裡得到同樣的回應，甚至公司的老鳥也樂於幫助一個十分熱心的新手。

▼勇於改革根深蒂固的舊方法

辛普特在奧克拉荷馬州巴特萊恩石油公司接受技術培訓時，他就躍躍欲試想利用他的技術知識。可他在技術培訓中接受的第一項任務是蹲在工廠裡數螺絲和其他小零件，然後再到另一個工廠重複此項工作。他想他可能要做幾個月這樣無聊的工作。於是他想出了一個辦法，他先一批一批的稱這些零件的重量，然後再換算成零件的數量。當主管發現辛普特僅用了一般人所用時間的一半就完成了任務，他馬上向他的上級報告了這位年輕人的方法。很快的辛普特就被轉入技術工作，接著他又被拔擢去管理一個分工廠。

在新的崗位上早日脫穎而出的方法就是儘早發現一個致勝的訣竅。但是，即使你為起步時耽誤了一些時間，那也不等於說，你就不能在明天早晨工作時像你第一天開始做一個新的工作那樣去努力。

方法八

積極付諸行動

美國前總統尼克森在《領導者》一書中曾說：「提出主張是一回事，在適當的時候提出主張是另一回事，能夠把這種主張成功地付諸實施又是另一回事。」實踐是最高的原則。確立科學的目標取向是不容易的，而將目標一步一步的現實更是非同尋常。只有讓毅力相伴終身，才能快步邁向理想的彼岸。奧格·曼迪諾說：「唯有行動能給生活力量、快樂和目的。世界總是以人的行動確定人的價值。誰能用思想感情測試一個人的才能？如果總是觀望不動，你又怎樣顯示你的能力？」

LET THE **DREAM** BEGIN

成功只能在行動中產生

曾經有一個衣衫襤褸、滿身補釘的男孩，跑到摩天大樓的工地向一位衣著華麗、口叼菸斗的建築承包商請教：「我該怎麼做，長大後才會像你一樣有錢？」

這位高大強壯的建築承包商看了小傢伙一眼，回答說：「小夥子，去買件紅襯衫，然後埋頭苦幹。」

小男孩滿臉困惑，百思不解其中的道理，只好再請他說明。承包商指著那批正在工作的建築工人，他告訴男孩說：「看到那些人嗎？他們全都是我的工人。我無法記得他們每一個人的名字，甚至有些人，根本連臉孔都沒印象。但是，你仔細瞧他們之中，那邊那個曬得紅通通的傢伙——穿一件紅色衣服，我很快就注意到，他似乎比別人更賣力，做得更起勁。他每天總是比其他的人早一點上工，工作時也比較拼命，而下工的時候，他總是最後一個下班。就因為他那件紅襯衫，使他在這群工人中間特別突出。我現在就要過去找他，派他當我的監工。從今天開始，我相信他會更賣命，說不定很快就會成為我的副手。」

「小夥子，我也是這樣爬上來的。我非常賣力工作，表現得比所有人更好。如果當初我跟大家一樣穿上藍色的工人服，那麼就很可能沒有人會注意到我的表現了。所以，我天天穿條紋襯衫，同時加倍努力。不久，我就出頭了。老闆注意到我，升我當工頭。後來我存夠了錢，終於自己當了老闆。」

機遇只偏愛有準備的頭腦，成功也只能在行動中產生。付諸行動，這是成功者的共同經驗，也是開發生命的必然要求，你越去開發生命的寶藏，你就會越明顯地感到行動的重要性，開發生命必須落實到實踐行動，瞄準你的生命目標，從現在起就開始行動吧。

行動是實現理想的唯一途徑

有一位名叫希薇亞的女孩，她的父親是波士頓有名的整形外科醫生，母親在一家著名的大學擔任教授。她的家庭對她有很大的幫助和支援，她完全有機會實現自己的理想。她從念中學起，就一直夢寐以求地想當電視節目的主持人。她覺得自己具有這方面的才能，因為每當她和別人相處時，即使是陌生人也都願意親近她並和她長談，她知道如何讓對方說出心裡話，她的朋友們稱她是他們的「親密的隨身精神醫生」。她自己常說：「只要有人願給我一次機會，我相信一定能成功。」

但是，她為達到這個理想而做了些什麼呢？其實什麼也沒有！她在等待奇蹟出現，希望一下子就當上電視節目的主持人。

希薇亞不切實際地期待著，結果什麼奇蹟也沒有出現。誰也不會請一個毫無經驗的人去擔任電視節目主持人。而且節目的主管也沒有興趣跑到外面去尋找天才，都是別人去找他們。另一個名叫辛蒂的女孩卻實現了西爾維亞的理想，成了著名的電視節目主持人。辛蒂之所以會成功，就是因為她知道，「天下沒有白吃的午餐」，一切成功都要靠自己的努力去爭取。她不像希薇亞那樣有可靠的經濟來源，所以沒有白白地等待機會出現。她白天去做工，晚上在大學的舞台藝術系上夜校。畢業之後，她開始謀職，跑遍了洛杉磯每一個廣播電台和電視台。但是，每個地方的經理對她的答覆都差不多：「沒有幾年經驗的人，我們不會錄用的。」

但是，她不願意退縮，也沒有等待機會，而是走出去尋找機會。她一連幾個月仔細閱讀廣播電視方面的雜誌，最後終於看到一則應徵廣告：北達科他州有一家很小的電視台應徵一名天氣預報的女主播。

辛蒂是加州人，不喜歡北方。但是，有沒有陽光，是不是下雨都沒有關係，她希望找到一份和電視有關的職業，做什麼都行！她抓住這個工作機會，起身到北達科他州。

辛蒂在那裡工作了兩年，最後在洛杉磯的電視台找到了一個工作。又過了五年，她終於得到拔擢，成為她夢想已久的節目主持人。

為什麼希薇亞失敗了，而辛蒂卻如願以償呢？

希薇亞那種失敗者的思路和辛蒂的成功者的觀點正好背道而馳。分歧點就是：希薇亞在十年當中，一直停留在幻想上，等待機會；而辛蒂則是採取行動，最後，終於實現了理想。

美國著名管理大師彼得・克拉克指出，人們對於做什麼或者不做什麼的一切思考均取決於對下列問題的解答：

一、我的目的是什麼？（意圖）

二、對於我自己以及影響目的的一切事物，我有何瞭解？（第一手資料）

三、我擁有什麼樣的物質條件來配合我的目的？（物力）

四、我怎樣計劃運用這些第一手資料和物力來實現我的目標？（方法）

五、怎樣使計劃好的方法付諸行動？（貫徹）

這套簡化的方法是基礎，還需要下面六條加以補充：

一、把問題加以分門別類，它是一般性的呢，還是特殊的？或者是另一種新問題的第一次出現？

二、對要處理的問題進行解說。它們的性質是什麼？

三、列出一張清單。什麼樣的要求和條件才滿足對問題的解答？

四、確定最佳方案。未做修改之前，找出哪一種行動計劃是切實可行的。

五、最後決定行動方案。這便是，採取什麼樣的行動，誰還應該清楚這方案？

六、建立起反應系統。這種方案怎樣在貫徹執行的？支援這種方案的假設是否可行，或是不合時宜？

根據目標制定一套行動計劃

行動計劃可以幫助你逐步達到目標。從最重要的目標開始，問問自己：「我應該採取怎樣的步驟來達到這個目標呢？」想到什麼，就隨手寫下。等到列舉完畢，再重新檢查，依優先順序重新排列。從最簡單、最容易，而且能儘速完成的開始著手。當你循序漸進，完成每一件事時，就會愈來愈有信心往前繼續努力。

制訂一個有效的行動計劃：

▼影像化

想像自己已經達成目標，覺得感覺如何？生活有何變化？這個目標的達到，為你帶來什麼好處？現在，問問自己：要達到這個目標，我必須實行的步驟為何？你的答案就是行動計劃的重要內容。

▼找人談談

讓可以幫助你實現目標的人，知道你的計劃。如果他們剛好也完成類似的目標，或許可以提出些有用的建議。

▼找出問題

日常那些瑣事甚至積壓已久的惡習或恐懼，要怎麼處理？答案是從最簡單的開始。理查・安德森指出：「對成功的恐懼，也可能成為你心中的障礙。」因此，你應該問問自己：

- 一旦我功成名就，是不是對某些人就失去吸引力？
- 我的下屬如果犯錯，我是否會受到責備？
- 如果只是迎合父母或配偶的要求，而不是我自己想做的事，結果會怎麼樣？
- 如果我認為自己不適合扮演成功的角色，又該怎麼辦？

告訴你一個祕訣：用來處理懼怕失敗的技巧，也同樣適用於「懼怕成功」。想像你可能所處的最糟狀況，列出所有你害怕的結果。例如：如果上司要你為別人的過錯負責時，你會有什麼反應？假使你能想出愈多的答案，就愈能抵抗失敗，恐懼也會因此減少。

▼為實現計劃而努力

保持專注：不要貪圖一時快意，而分心去做和行動計劃毫不相干的事。否則，你將會得不償失。

保持應變能力：保持應變能力與專心一致並不會互相衝突。當你離目標愈來愈近時，可能會發現它並不是你原先所希求，而其他的東西才是你想要的。想想看你周圍多少人的工作和他們在學校裡學的完全不同？所以，瞭解自己非常重要；只不過，有多少人真正知道自己想要的是什麼呢？

願意嘗試改變：在你設定了最重要的目標，制定了完善的行動計劃，而且專心一致，朝著目標努力時，別忘了保持開放的胸襟，接受任何可能促使你重新審視目標的改變。變化可能是一種威脅，但是它往往也是機會之所在。

適時獎勵自己：在預定時間內努力工作固然重要，但也不要忽略工作的樂趣。在行動計劃中空出一段時間，讓你可以欣賞自己的努力成果，並獎勵自己的成就。畢竟，能愉快地工作該是促使你追求這些目標的原因之一。

▼保持高度興致

為了確保行動計劃的成功，你要保持高度興致。慾望是聯結行動與計劃的橋梁，推動行動計劃的動力，也是成功的重要關鍵。要保持高度興致的方法如下：

肯定自我：重溫過去的光榮成就，想想你是如何克服困難而完成它們的，以你的成就為榮，肯定自己絕對配得上努力追求的美好事物。

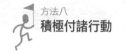

獲得報酬：如果努力能得到報酬，你會做得更起勁。這報酬不一定是金錢，也許是地位、他人的尊重、完成工作時的滿足感、自尊心的提升、或是他人的讚美等等。沒有任何工作能提供所有你想要的報酬；只要能有你最重視的幾樣報酬，就足夠了。接下來，你的任務就是努力付出，追求你想要的報酬。

在心中描繪美好結果：想像一下達到目標時的豐碩成果，想想美夢成真時的美好感受。時時回味這些栩栩如生的美好畫面，可以促使你早日達到願望。

把目標轉化為行動

制訂目標是為了達到目標，目標制訂之後，就要付諸行動去實現它。如果不將目標轉為行動，那麼目標就成了毫無意義的東西。

實際上，制訂目標是很容易的，難的是付諸行動。目標可以坐下來用腦子去想，實現目標卻需要紮實的行動，只有行動才能將目標轉為現實。

許多人都制訂了自己的人生目標，從這一點來說每一個人似乎都像一個謀略家，但是，很多的制訂了目標之後，便把目標束之高閣，沒有投入到實際行動中去，結果到頭來仍然是一事無成。只有行動才是達到目標的唯一途徑。

目標已經制訂好了，就不能有一絲一毫的猶豫，而要果斷地投入行動。觀望、徘徊或畏縮都會使你延誤時間，以至使計劃化為泡影。

拿破崙・希爾說：「不論做任何事情，都必須拼命地去做，如果要半途而廢，倒不如不做來得好。當你決定是否去做某一件事情時，就一定有去做的價值，要不然就是沒有去做的價值，答案不可能有中間值，所以一旦決定了去『做』之後，就要集中精神去做。例如，當你在閱讀荷馬史詩時，應將全部精神集中於這些作品上，一邊想著它所寫的是否正確，一邊學習其優美的用詞和詩句，絕對不可以將心神轉移到別的作品上。」

制定目標或許還不算太難，可是要能貫徹到底就不是一件容易的事了。制定目標或許還不算太難，可是要能貫徹到底就不是一件容易的事了，相信很多人都有過這樣的經驗，剛定好目標時頗有磨刀霍霍的衝勁，可是過了一陣子後就沒勁了，更別提實現目標的自信早已蕩然無存。當你擬妥一項目標後，首要的步驟就是把它寫在紙上，這樣才能使目標具體化，遺憾的是大多數人連這麼簡單的步驟都不做。

當你把目標寫下來之後，隨之最重要的一步就是立即讓自己動起來，將目標實現的方向拿出具體的行動，可別一拖再拖。一個真正的決定必然是有行動的，並且還是立即的行動，此時你就要針對自己的目標拿出立即的行動。你先別管要行動到什麼程度，最重要的是要動起來，打一個電話或擬出一份行動方案都是可行的，只要在接下去的十天內每天都有持續的行動。當你能這麼做時，這十天小小的行動必然會形成習慣，最終把你帶向成功。

如果你個人成長的目標是一年之內學好爵士舞的話，那麼就「先讓手指頭動起來」，你不妨今天就去翻一翻電話簿找個訓練班，安排出學習的時間。

如果你的興趣喜好目標是一年之內買輛賓士汽車的話，那麼就請代理商寄一份有關賓士汽車的各種資料給你，或者當天下午親自跑一趟去瞭解一番。這並不是要你馬上就買，只不過當你瞭解了價錢和性能之後，會更加強你要買的決心。

如果你的事業經濟目標是在一年之內賺到十萬美元的話，那麼現在就立刻擬出必須採取的步驟。到底有哪個已經賺到這麼多錢的人可以提供給你建議？你是否得考慮另謀第二份工作來增加收入？你是否應該減少開支，把節省下來的錢拿去投資？你是否應該去創個新事業？你是否需要去尋找什麼樣的資源？

別忘了，每天你至少得體驗一下實現你的目標的成功感受，當然最好是一天兩次，一早一晚。每六個月你得重新回顧先前所寫下的目標，用以確定它們是否達成。當你決心過積極奮發的生活後，我相信你必然會有與以往不同的認識，很可能會將先前的目標作某種程度的修改，那麼就要好好動動腦。

萬事起頭難！要做成一件事情，人們總是覺得邁第一步困難重重，總是下不了決心。於是便遲疑不決，猶豫不定，今日推明日，明日推後天，這樣推來推去便延誤了時間，也就推遲了成功之日的到來。

對於一個想做一點事情的人來說，這樣遲遲不見行動是十分不利的，不僅不能實現自己確定的目標，而且消磨意志，使自己逐漸喪失進取心。

一個人要做一件事，常常缺乏開始做的勇氣。但是，如果你鼓足勇氣開始做了，就會發現做一件事最大的障礙，往往是來自自己的內心，更主要是缺乏行動的勇氣，有了勇氣下決心起了頭，似乎再往下做就會是順理成章的事情了。

有了第一步，就會有第二步、第三步……這樣不斷地做下去，你就會發現離目標越來越近，你的目標正在漸漸地化為現實。

朝著你確定的目標持之以恒、鍥而不捨地做下去，這便是實現任何目標的唯一的辦法，除此之外再沒有第二條路可走。

也許，當你開始行動的時候，你還不能看見你所追求的東西是什麼樣子，你的目標還是一團模糊的影子，這時你往往會感到困惑，感到目標的遙遠，感到跋涉的艱難。但是，只要你堅持不懈地走下去，你就會發現目標在你的眼裡越來越清晰，最後終會呈現在你的眼前。

你可以馬上改變自己

大多數人距離他們的目標，只缺少了一個正確的決定。而且對大部分人來說，這個正確的決定其實就是下決心、對自己說：「我決定展開行動，追求目標。」

在這世上，沒有什麼比一個決心達成目標的人更有力量。然而，在你下定決心之前，你必須先瞭解幾件事情。

首先，千萬不要把如何實現夢想和夢想本身混為一談。

你的第一個決定應該非常具體、明確：「我到底想要什麼？」我想成為什麼、做什麼、擁有什麼、排除什麼、追求什麼以及獲得什麼？

你應該要能夠將你的決定，用很簡單的句子表達出來：「我想要——。」在空格上填入任何你真心想要的東西、或想做的事情。

從某個角度來說，這有點像是一個小孩得到媽媽的同意，帶著十塊錢在糖果店裡，自由選擇任何他想到的糖果，請自由地在空格中填入你的決定，不要給自己任何限制，你唯一需要確定的是：這真的是你想要的嗎？這就是你立刻想要、一直想要、而且非常想要的事物嗎？如果答案是肯定的話，那麼請排除所有你曾經自我設定的障礙，並且大膽直接地說：「是的，我全心全意要想要——。」

其次，不要臆測你的夢想。

當你專注於自己真心想做的事情時，你必須先將你以前所有說過的話、做過的事放在一邊，切斷你的後路，從現在開始，只剩下你和你的夢想，你已經不能回頭了。就像你剛靠著一根搖晃的蔓藤越過山谷一樣，現在的你無路可退，你已經站在山谷的另一邊，接下來要面對的是：你該如何完成你的夢想。

如果你將「如何」完成你的夢想，和「什麼」是你的夢想混為一談，那麼你將永遠一事無成。因為這個「如何」將會一直打擊你，並阻礙「什麼」的完成，最後你將失去嘗試的勇氣，不願意再跨出下一步。

如果你開始臆測你的夢想是否會實現，那麼你將失去追求夢想所需要的動力。

許多人都在等待一個安全的環境，他們希望等所有的綠燈都亮了以後再行動。抱持這種想法的人，一輩子也無法走出家門。

管理大師說，「預言未來的最可靠方法就是創造未來」。所以，在你確定了目標和使命之後，就應該儘快地著手做起來。

不管你做哪一行，這道理都一樣，你應該儘快做起來。是作家，就趕緊坐下來寫；是商人，就趕快推銷；是經理，就趕緊管理規劃起來；是畫家，就趕緊畫！然而，人們卻往往被一些不良習慣縛住手腳，最終使自己不能前行。他們留戀過去，他們製造藉口，他們拖拖拉拉，因此，他們只能在生活殿堂的邊緣徘徊，而不能在生活殿堂的中心勇敢地留下自己的足跡。所以，要的不是放棄自己的夢想，要的是執著的追求。

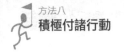

勇於嘗試，生命才能充滿意義

美國探險家約翰·戈達德有句名言：「凡是我能夠做的，我都想嘗試。」

在戈達德十五歲的時候，他就把他這一輩子想做的大事列了一個表。那時的他，是洛杉磯郊區一個沒見過世面的孩子。他把那張表題名為「一生的志願」。表上列著：「到尼羅河、亞馬遜河和剛果探險；登上珠穆朗瑪峰；駕馭大象、駱駝、鴕鳥和野馬；探訪馬可·波羅和亞歷山大一生走過的道路；主演一部「人猿泰山」那樣的電影；駕駛飛機；讀完莎士比亞、柏拉圖和亞里士多德的著作；譜一部樂曲；寫一本書；遊覽全世界的每一個國家；結婚生孩子；參觀月球……」每一項都編了號，一共有一百二十七個目標。

當戈達德把夢想莊嚴地寫在紙上之後，他就開始抓緊一切時間來實現它們。十六歲那年，他和父親到了喬治亞州的奧克費諾基大沼澤和佛羅里達州的艾佛格萊茲去探險。這是他首次完成了表上的一個項目，他還學會了潛水，開怪手，並且買了一匹馬。

二十歲時他已經在加勒比海、愛琴海和紅海裡潛過水了。他還成為一名空軍駕駛員，在歐洲出過三十三次戰鬥任務。他二十一歲時已經到二十一個國家旅行過。

二十二歲剛滿，他就在瓜地馬拉的叢林深處發現了一座馬雅文化的古廟。同年他成為「洛杉磯探險家俱樂部」有史以來最年輕的成員。接著，他就籌備實現自己宏偉壯志的頭號目標——探索尼羅河。戈達德二十六歲那年，他和另外兩名探險夥伴來到布隆迪山脈的尼羅河源頭。三個人乘坐一艘僅有六十磅重的橡皮艇開始穿越四千英哩長的河。他們遭到過河馬的攻擊，遇到了沙風暴和長達數英哩的激流險灘，得過幾次瘧疾，還受到持槍匪徒的追擊。出發十個月之後，這三位探險者勝利地從尼羅河口進入了蔚藍的地中海。

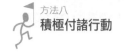

緊接著尼羅河探險之後，戈達德開始接連不斷地加速完成他的目標：一九五四年他乘竹筏飄流了整個科羅拉多河；一九五六年探訪了長達二千七百英哩的剛果河；他在南美的荒原、婆羅洲和新幾內亞與那些食人族一起生活過；駕駛超音速戰鬥機飛行；寫成了一本書《橡皮艇征服尼羅河》；他結了婚並生了五個孩子。他又萌發了拍電影和當演說家的念頭，在以後的幾年裡他透過講演和拍片為他下一步的探險籌措了資金。

將近六十歲時，戈達德依然顯得年輕，他不僅是一個經歷過無數次探險和遠征的老手，還是電影製片人、作者和演說家。戈達德已經完成了一百二十七個目標中的一〇六個。他獲得了一個探險家所能享有的榮譽，其中包括成為英國皇家地理協會會員和紐約探險家俱樂部的成員。他還受到過許多重要人士的會見。他說：「……我非常想做出一番事業來，我對一切都極有興趣，旅行、醫學、音樂、文學……我都想做，還想去鼓勵別人。我制定了那張奮鬥的藍圖，心中有了目標，我就會感到時刻都有事做。我也知道周圍的人往往墨守成規，他們從不冒險，從不敢在任何一個方面向自己挑戰。我決心不走這條老路。」戈達德在實現自己目標的征途中，有過十八次死裡逃生的經歷。「這些經歷教我學會了珍惜生命，凡是我能做的我都想嘗試。」他說，「人們往往活了一輩子卻從未表現出巨大的勇氣、力量和耐力。但是我發現當你想到自己反正要完了的時候，你會突然產生驚人的力量，而過去你做夢也沒想到過自己體內竟蘊藏著這樣巨大的能力。當你這樣經歷過之後，你會覺得自己的靈魂都昇華到另一個境界之中了。」

他指出，每個人都有自己的目標和夢想、但並不是每個人都去努力實現他們。「《一生的志願》是我在年紀很輕的時候立下的，它反映了一個少年人的志趣，其中當然有些事情我不再想做了，像攀登艾佛勒斯峰或當『人猿泰山』那樣的影星。制定奮鬥目標往往是這樣，有些事可能力不從心，不能完成，但這並不意味著必須放棄全部的追求。」「檢查一下你的生活並向自己提出這樣一個問題是很有好處的：『假如我只能再活一年，那我準備做些什麼？』我們都有想要實現的願望，那就別拖延，從現在就開始做起！」

約翰・戈達德的故事，為我們提供了佐證：不斷進取的人生是最美的。在實現自己目標的過程中，敢於嘗試，生命才能充滿意義。

成功的尺度不是做了多少工作

法國博物學家亨利・法布林曾做過一項有趣的研究。他研究的是毛蟲。這些毛蟲在樹上排成長長的隊伍前進，有一隻帶頭，其餘跟著，法布林把一組毛蟲放在一個大花盆的邊上，使牠們首尾相接，排成一個圓形。這些毛蟲開始動了，像一個長長的遊行隊伍，沒有頭，也沒有尾。法布林在毛蟲隊伍旁邊擺了一些食物，但這些毛蟲要想得到食物就必須解散隊伍，不再一條接一條前進，法布林預料，毛蟲很快會厭倦這種毫無用處的爬行，而轉向食物，可是毛蟲沒有這樣做。出於純粹的本能，毛蟲沿著花盆邊一直以同樣的速度走了七天七夜。牠們一直會走到餓死為止。

這些毛蟲遵守著牠們的本能、習慣、傳統、先例、過去的經驗、慣例。牠們幹活很賣力，但毫無成果。許多不成功者就跟這些毛蟲差不多，他們自以為忙碌就是成就，工作本身就是成功。

目標有助於我們避免這種情況發生。如果你制定了目標，又定期檢查工作進度，你自然就把重點從工作本身轉移到工作成果，單單用工作來填滿每一天，這看來再也不能接受了。做出足夠的成果來實現目標，這才是衡量成績大小的正確方法。

不成功者常常混淆了工作本身與工作成果，他們以為大量的工作，尤其是艱苦的工作，就一定會帶來成功。但任何活動本身並不能保證成功，並不一定是有利的。一項活動要有用，就一定要朝向一個明確的目標，也就是說，成功的尺度不是做了多少工作，而是做出多少的成果。

實現目標的三盞明燈

唐恩自認為是當音樂家的料。可是，在他朋友的記憶中，中學時他的演奏並不怎麼高明，唱歌又五音不全，實在讓人不敢恭維。

中學畢業後，唐恩為實現當歌唱家兼作曲家的理想，就到都市去發展。

唐恩到那兒後，拿出有限的積蓄買了一輛舊汽車，既做交通工具又用來睡覺。他刻意找到一份上夜班的工作，以便白天有時間拜訪唱片公司。在好多年的時間裡，他一直在堅持寫歌練唱，最後，他成了一個出色的歌手！卡皮托爾公司為唐恩出了許多唱片，他在全國每週流行排行榜中名列前茅。在當時一套暢銷的鄉村音樂唱片集中，多首好聽的歌曲都是唐恩的傑作！

從那時起，唐恩創作演唱了二十三首賣座的歌曲。由於他專心致志，全力以赴，這個青少年的夢想實現了。

唐恩直覺做出的選擇，乃是遵循了某些成功的選擇——挑起了奔向目標的三盞明燈，使自己真正踏上成功人生的勝境。這三盞明燈對於每個人都會有所啟示：

▼方向之燈

如果你不知道自己的方向，你就會過於小心，裹足不前。不少人終生都像夢遊者一樣，漫無目標地遊蕩。他們每天都按熟悉的模式生活，從來不問自己：「我這一生要做什麼？」他們對自己的作為不甚瞭解，因為他們缺少目標。

制定目標，是意志朝某個方向努力的高度集中。不妨從你渴望的一個清楚的構想開始，把你的目標寫在紙上，並定出達到它的時間。莫將全部精力用在獲得和支配目標上，而應當集中於為實現你的願望去做、去創造、去奉獻——制定目標可以帶來我們都需要的真正的滿足感。自己設想正在邁向你的目標，這尤為重要。失敗者常常預想失敗的不良後果，成功者則設想成功的獎賞。從運動員、企業家和演說家中，我們常常能看到這樣的情況。

▼夢想之燈

一位成功學大師說：「成功只不過是爬起來比倒下去多一次。」成功者與失敗者之間最大的區別，通常並不在於智力。許多天資聰穎者就因為放棄了，以致功虧一簣。然而，成就輝煌的人絕對不會輕言放棄。

盧迪是一位富於鼓勵性的演說家，他在伊利諾州長大，從小就耳聞聖瑪麗大學的神奇傳說，夢想有一天去那裡的球場踢足球。朋友們對他說，他的學習成績不夠好，又不是公認的體育健將，不要異想天開了。因此，盧迪?棄了自己的夢想，到電廠當工人。

不久，一位朋友上班時死於意外，盧迪震駭不已，突然認識到人生是如此短暫，以致你很可能沒機會追求自己的夢。

一九七二年，他在二十三歲時讀印第安納州聖十字大學，盧迪在該校很快修滿了學分，終於轉入聖瑪麗大學，並成為校隊的候補球員。

盧迪的夢想終於要成真了，但他卻無法上場比賽。第二年，在盧迪多次要求後，教練告訴他可以在該賽的最後一場比賽上場。在那場比賽期間，他身著球衣在聖瑪麗校隊的候補隊員席就座。看臺上的一個學生?喊道：「我們要盧迪！」其他學生很快一起叫喊起來。在比賽結束前二十七秒鐘時，二十七歲的盧迪終於被派到場上，進行最後一次進攻。隊員們幫助他成功地搶到那個球。後來，他成了一顆最耀眼的體壇明星。

盧迪的故事說明：你只要懷有一個夢想，便沒有辦不到的事。

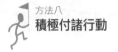

▼進取之燈

在前進的路上，要隨時注意回顧並調整你的目標。不時重新看看你的目標，如果你認定某個目標應該調整，或用更好的目標取而代之，就要及時修改。當你達到了自己的目標，或是向它邁進了一步時，不妨慶祝一下。用你所喜歡的任何方式，來紀念那一特殊的時刻，重燃理想之火。但不應該就此止步。在一個目標達到後，許多人便鬆懈下來了。

我們很容易滿足於自己已達到的目標，不再要求上進。其實，為了不讓希望落空，我們應當制定新的目標，不斷向新的高度攀登。

列出合理的時間表

卡內基在教授別人期間，有一位公司的經理去拜訪他，看到卡內基乾淨整潔的辦公桌感到很驚訝。他問卡內基說：「卡內基先生，你未處理的文件放在哪兒呢？」

卡內基說：「我所有的文件都處理完了。」

「那你今天沒做的事情又交給誰了呢？」經理緊追著問。

「我所有的事情都處理完了。」卡內基微笑著回答。看到這位公司經理困惑的神態，卡內基解釋說：「原因很簡單，我知道我所需要處理的事情很多，但我的精力有限，一次只能處理一件事情，於是我就按照所要處理的事情的重要性，列一個順序表，然後就一件一件地處理。結果就做完了。」說到這兒，卡內基雙手一攤，聳了聳肩。

「噢，我明白了，謝謝你，卡內基先生。」幾週以後，這位經理請卡內基參觀其寬敞的辦公室，對卡內基說：「卡內基先生，感謝你教給了我處理事務的方法。過去，在我這寬大的辦公室裡，我要處理的文件、信件等等，都是堆得和小山一樣，一張桌子不夠，就用三張桌子。自從用了你說的法子以後，情況好多了，瞧，再也沒有沒處理完的事情了。」

這位經理，就這樣找到了做事的辦法，幾年以後，成為美國社會成功人士中的佼佼者。我們為了個人事業的發展，也一定要根據事情的輕重緩急，訂出一個順序表來。人的時間和精力是有限的，不訂出一個順序表，你會對突然湧來的大量事務手足無措。

根據你的人生目標，你就可以把所要做的事情訂出一個順序。有助你實現目標的，你就把它放在前面，依次為之，把所有的事情都排一個順序，並把它記在一張紙上，就成了工作表。養成這樣一個良好習慣，會使你每做一件事，就向你的目標靠近一步。

我們可以每天早上訂出一個工作表，然後再加上一個進度表，就會更有利於我們向自己的目標前進了。一步步走向成功

方法九

一步步走向成功

美國籃球明星麥克．喬丹談到成功之路時說：「循序漸進是成功的唯一途徑。一個目標的實現就會引出另一個新的目標，只有這樣，你才會走向成功。在生活中都是這樣，一名想當醫生的學生如果你的生物課成績是，那你就必須努力，把自己的目標定為，然後是，就是這樣，一步步把基礎打好，不然，你根本不會成為一個醫生。」

LET THE **DREAM** BEGIN

從小事做起

查爾・安格魯是一位著名的雕塑家。有一天，安格魯在他的工作室中向一位參觀者解釋他的一個雕塑的創作。他說：「我在這個地方修飾一下，使那兒變得更加光彩些，使面部表情更柔和了些，使那塊肌肉更顯得強健有力；然後，使嘴唇更富有表情，使全身更顯得有力度。」

那位參觀者聽了不禁說道：「但這些都是些瑣碎之處，不大引人注目啊！」

雕塑家回答道：「情形也許如此，但你要知道，正是這些細小之處使整個作品趨於完美，而讓一件作品完美的細小之處可不是件小事情啊！」

那些成就非凡的大家總是於細微之處用心、於細微之處著力，這樣日積月累，才能漸入佳境，出神入化。為了強調從小事做起的重要性，美國成功學大師拿破崙・希爾曾講過這樣一個古老的東方故事：

很久很久以前，有一個少年，欽慕英雄，立志學會蓋世武功。於是，他拜在一位武師的門下，但武師並沒有教他武功，只是要他到山上養豬。

每天清晨，他就得抱著小豬爬上山去，山路難行，要過很多溝，晚上再把小豬抱回來。師父對他的要求只是不准在途中把豬放下。

少年心裡不滿，但覺得這是師父對自己的考驗，也就照著做了。兩年多的時間裡，他就天天這樣抱著豬上山。

突然有一天，師傅對他說：「你今天不要抱豬，上去看看吧！」

少年第一次不抱豬上山，覺得身輕如燕，他忽然意識到自己似乎已進入了某種高手的境界。

不是嗎？那頭小豬在兩年的時間裡已從幾斤長到了兩百多斤。

這位少年所做的事，就是在不知不覺中點點滴滴地實現了自己成為一名高手的目標。

拿破崙・希爾反覆強調：成功是累積的結果。

《牛津格言》中指出：「應關注未做完的小事，如任其累積，它們會像債務一樣令人焦慮不安。應該先做小事，而不是先做大事，就好像應該先償還小額債務，再償還鉅額債務，或者應該先考慮仁慈再考慮真理一樣。一旦我們不停地關注那些我們能夠完成的小事，不久我們就會驚奇地發現，我們不能完成的事情實在是微乎其微的。」

一步步的走下去

一九八四年，在東京國際馬拉松邀請賽中，名不見經傳的日本選手山田出人意外地奪得了世界冠軍。當記者問他憑什麼取得如此驚人的成績時，他說了這麼一句話：憑智慧戰勝對手。

當時許多人都認為這個偶然跑到前面的矮個子選手是在故弄玄虛。馬拉松賽是體力和耐力的運動，只要身體素質好又有耐力就有望奪冠，爆發力和速度都還在其次，說用智慧取勝確實有點勉強。

兩年後，義大利國際馬拉松邀請賽在義大利米蘭舉行，山田代表日本參加比賽。這一次，他又獲得了冠軍。記者又請他談談經驗。

山田性情木訥，不善言談，回答的仍是上次那句話：用智慧戰勝對手。這回記者在報紙上沒再挖苦他，但對他所謂的智慧迷惑不解。

十年後，這個謎終於被解開了，他在他的自傳中是這麼說的：

每次比賽之前，我都要坐車把比賽的路線仔細地看一遍，並把沿途比較醒目的標誌畫下來，比如第一個標誌是銀行；第二個標誌是一棵大樹；第三個標誌是一座紅房子……這樣一直畫到賽程的終點。比賽開始後，我就以百米的速度奮力地向第一個目標衝去，等到達第一個目標後，我又以同樣的速度向第二個目標衝去。四十多公里的賽程，就被我分解成這麼幾個小目標輕鬆地跑完了。以前，我並不懂這樣的道理，我把我的目標定在四十多公里外終點線上的那面旗幟上，結果我跑到十幾公里時就疲憊不堪了，我被前面那段遙遠的路程給嚇倒了。

報紙上曾經報導一位擁有一百萬美元的富翁，原來卻是一位乞丐。在我們心中難免懷疑：依靠人們施捨一分、一毛的人，為何卻擁有如此鉅額的存款？事實上，這些存款當然並非憑空得來，而是由一點點小額存款累聚而成。一分到十元，到千元、到萬元，到百萬，就這麼積聚而成。

聰明的人，為了要達成主目標常會設定「次目標」，這樣會比較容易於完成主目標。許多人會因目標過於遠大，或理想太過崇高而易於放棄，這是很可惜的。若設定「次目標」便可較快獲得令人滿意的成績，能逐步完成「次目標」，心理上的壓力也會隨之減小，主目標總有一天也能完成。

曾經有一位六十三歲的老人從紐約市步行到了佛羅里達州的邁阿密市。經過長途跋涉，克服了重重困難，她到達了邁阿密。在那兒，有位記者採訪了她。記者想知道，這路途中的艱難是否曾經讓他放棄？她是如何鼓起勇氣，徒步旅行的？

老人答道：「走一步路是不需要勇氣的。我所做的就是這樣。我先走了一步，接著再走一步，然後再一步，我就到了這裡。」

是的，做任何事，只要你邁出了第一步，然後再一步步地走下去，你就會逐漸靠近你的目的地。如果你知道你的具體的目的地，而且向它邁出了第一步，你便走上了成功之路！

每個人都應該有偉大的長遠夢想和希望，然而，對於目標設定，成功大師往往建議人們做一個不太成功的人，而不是過度成功的人，也就是說，採取初級步驟。例如，如果你最終想減重五十磅，擁有健美的身材，他們會推薦你先減重二十磅，而不是試圖向前邁出一大步，一下子減重五十磅；不是去健身房一個小時，而是只去二十分鐘。換句話說，設定一個不太成功的目標，然後迫使自己堅持它。這樣你就不會覺得壓力太大，而是覺得能夠應付。由於覺得自己能夠應付，你會發現自己渴望去健身房，或做生活中其他需要你做或改變的事情。總之，擁有宏偉的大膽的夢想，然後每天做一點事情，也就是說，用小步而不是邁大步越過懸崖。

學會「化整為零」

一所大教堂的牧師許多年前問一位美國學者：「你知不知道任何有關南非樹蛙的事？」

「不知道。」學者有點兒驚訝地回答他。

他說：「你可能不想知道南非樹蛙的事，但如果你想知道，你可以每天花五分鐘閱讀相關資料。五年內你就會成為最懂南非樹蛙的人。有人會邀請你到他們總公司，還付你一大筆錢就為聽聽你對南非樹蛙的意見。當然，這是很專業的一門學問，聽眾可能不多，但想想看，只要持續五年內，每天花五分鐘閱讀相關資料，你就能夠成為南非樹蛙這領域中最具權威的人。」

這位學者常常想到牧師說的話。

大多數人都不願意每天投資五分鐘的時間（與五個鐘頭的時間相比實在是少之又少）努力成為自己理想中的人。

伍迪・艾倫說過，生活中九十%的時間只是在混日子。大多數人的生活層次只停留在：為吃飯而吃、為搭公車而搭、為工作而工作、為了回家而回家。他們從一個地方逛到另一個地方，事情做完一件又一件，好像做了很多事，但卻很少有時間從事自己真正想完成的目標。就這樣，一直到老死。我猜想很多人臨到退休時，才發現自己虛度了大半生，剩餘的日子又在病痛中一點一點的流逝。

將你的夢想計劃列成一份進度表。當你提及夢想時，同時說明想要達到的日期，那就是夢想成為計劃的開始。計劃中必須包括「如何」達成你的目標。你需要列出幫助你達到目標所要做的事情專案。這裡提出幾件可以列在計劃中的事項，它們能夠幫助你達成「在山頂上生活」的夢想：

・尋找一座合乎你理想的山。（包括一幢蓋在山上的房子）
・開始寫作。（如果你以前從未寫過小說，或從未幫任何出版物寫過文章，你最好趕快著手寫寫看！）
・開立某一個數目的儲蓄帳戶，作為轉換生活的預備金。
・賣掉現有的房子和不必要的物品，開始準備搬家。

……如此等等。

好的計劃是一份明確列出朝向目標進行的步驟說明書。計劃中的每一步驟都要標明日期，藉由這種方式，每過一段時間，你可以清楚地曉得你距離預定的目標還有多久。你也因此有了進行的方向、重心或方式。更重要的是，你要有測量進度的標準。

大多數的計劃必須做成每日的進度表。問問自己，每一天我可以做些什麼事，讓我更接近我的目標？在我的看法中，這是促使計劃進行順利最重要的一個問題了。

你必須以每一天作為實踐進度的基礎。

如果你想要寫電影劇本，你必須每天寫一點。你可以規定自己每天一定要寫多少字或完成多少頁。

如果你想要親手縫製一條被單，你必須每天花費一些時間在這件事上，定個目標，要求自己每天要做多少縫製工作。

如果你想成為頂尖的業務員，你必須要求自己每天至少打幾通電話給客戶。

如果你想成為電腦專家，你必須要求自己每天研究一些電腦方面的知識。

衡量成功的標準不在你每天有多少進度，而在你真正做了些什麼可以幫助你實現你的目標，你想完成的事必須每天都做。

注意這個重要的區別：衡量成功的標準不在每天的產量，但達到成功的祕訣卻在每天付出的努力。

一個人要想達到自己的目標，他還得有另一個需要加以注意的地方，那就是要學會把大問題分解起來加以處理。這正像某些人所說的，一個人可以吃掉一頭大象，但他得一口一口地吃。我把這樣的一個分解過程叫做「化整為零」。

一位美國作家講過一個故事：

當年我與書商簽訂合約寫一本書，這可是我第一次寫書。我總共有六個月的寫作時間，所以，在這半年的工作日程表上，我每天都寫著「寫書」兩個字。

但是六個月很快就過去了，我的書並沒有寫出來。這樣，書商只好再給我三個月的時間。但就在這三個月的時間內，我的工作日程表上仍然天天寫有「寫書」兩個字，但書卻仍然沒有寫出來。最後，書商無可奈何地又給了我三個月時間，不過這次要是再寫不出來，那可就得取銷合約了。這我可怎麼辦？

幸運的是，我遇到了《服務於美國》一書的作者卡爾•阿爾布雷希特，他給了我一個指點——要化整為零。他問我，我總共要寫多少頁書？我說一百八十頁。他又問我總共有多少寫作時間？我告訴他九十天時間。結果，他告訴我說，很簡單，只要我在工作日程表上寫上「今天寫兩頁」就行了。我每天寫兩頁，要是順利的話，我每天可寫上四、五頁。但不管是哪一天，我至少會寫出兩頁來。就這樣，在阿爾布雷希特的指導下，我僅用了一個月的時間就寫出了這本書。

記住：化整為零是實現大目標的重要技巧之一。

實現人生規劃的十二大原則

要運用心靈，做出遠超過你既有成就的聯想，然後便能使聯想實現。

當你在編織未來時所寫下的心願，其中有一些很可能已在你的心中縈繞多年，也有一些是你壓根就未曾想過的。不過，現在你得認真地去思考一下到底什麼是你真正想要的。因為唯有你清楚地知道，你才能真正得到。

要想美夢成真，你就得在心中先做結果。美夢能夠驅策我們的身心，朝向目標前進，如果你想超越自我，就先讓自己的心靈自由翱翔。

現在我們就用身體來做個實驗，請你照著一起做。起立，左腳向左橫跨半步，兩臂平舉。現在請往左轉，手指朝外與手臂成一直線，當身體轉到極限時，請在手指指到的牆壁某處，用眼睛標定一個記號，然後反轉身體，恢復原狀。此刻請你閉上眼，在腦海裡浮現自己轉身的畫面，不過在畫面上你轉的角度要比剛才轉的更大。這種想像畫面做個兩三次後，請睜開眼，實際轉一次，看看跟第一次轉的有何差異。是不是轉的比先前更大呢？一定是的，因為你在腦海裡所做的突破先前限制的臆想，結果在身體上就產生了新的狀態。

我們現在所說的，就是要教你如何運用像上述的方法，來幫助你開創你所想要的人生。在以往，你的能力只能讓你達到某種地步，但是你將要運用心靈，做出遠超過你既有成就的聯想，然後便能使聯想實現。

1、先開始編織美夢，包括你想擁有的、你想做的、你想成為的、你想散播的。現在請坐下來，拿一張紙和一支筆，動手寫下你的心願。要記住，一動筆就不要停下來，寫個十到十五分鐘。你在寫的時候，不必管那些目標該用什麼方式去實現，就是儘量寫，不要限制。另外你寫得越簡明越好，這樣才能立即接續下個目標。這些目標可能有關你的工作、家庭、交友、情緒、健康、生活等，別自限範圍，涵蓋越廣越好。你要像個國王一樣，掌握住每一件和你有關的事，因為要達成目標的第一步，就是知道它是什麼結果。

另外，你要以遊戲的態度來設定目標，如此才能使心靈任意馳騁，否則心靈受限，將來的成就亦會受限。今後當你一有自限的念頭時，就要趕忙丟得遠遠的，就像在腦海裡有一幅角力的畫面，你把對手擲出線外。這個視覺畫面可以適用於任何會限制你的消極思想，你要把它們?開，同時記得你可以隨心所欲地做這件事。現在就進行第一步，寫下你的心思吧！

2、審視你所寫的，預期希望實現的時限。你希望何時實現呢？六個月？一年？兩年？五年？十年？還是二十年？告訴你，如果你的目標有實現的時間對你會有很大的幫助。很可能有些目標你希望一試可及，另外有些目標卻遙遙無期。如果你的目標多半是近程的，那麼你就得把眼光放遠，找出一些潛在而有可能的目標；如果你的目標多為遙遠的，那麼你也得建立一些階段性的目標，畢竟千里之行始於足下。同時你得特別銘記於心，那就是慎始固然重要，善終亦不可忽視。

3、選出在這一年裡對你最重要的四個目標。從你所列的目標裡選擇你最願意投入的、最令你雀躍欲試的、最能令你滿足的四件事，並把它們寫下來。現在你要明確地、扼要地、肯定地寫下你實現它們的真正理由，告訴自己能實現目標的把握和它們對你的重要性。

如果你做事知道如何找出充分的理由，那你就無所不能，因為追求目標的動機遠比目標本身更能激勵我們。羅恩曾經說，一個人若有充分的理由，便能勝任各樣的事情。在人生當中，我們常想得到某些東西，實際上只是因為對那些東西有興趣，而卻從未下定決心要得到它們，結果我們依然兩手空空，這就是有興趣與有決心最大的分野。如果你光說想要致富，那只能算是個目標，激不起你的鬥志。如果你曉得要致富的原因，知道財富對你的意義；你便會倍受鼓舞促其實現。

知道為什麼要做比知道如何去做重要得太多了，如果你的動機夠強烈，便能永遠尋得做事的方法，如果你有充分的理由，便沒有任何事能阻攔你。

4、核對你所列的四個目標，是否與形成結果的五大規則相符。你對這些目標是否有肯定的期望？對預期結果的感覺是否具體？這些目標是否在實現的過程能查驗出來？當你達成目標時，可能會有什麼感受呢？如果你達成了目標，帶來的結果是不是對你及社會都有利呢？如果不是就請修正它。

5、列出你已經擁有的各種重要的資源。當你進行一個計劃，就得知道該使用哪些工具。列出一張你所擁有資源的清單，裡面包括自己的個性、朋友、財物、教育背景、時限、能力以及其他相關的東西。這份清單越詳盡越好。

6、當你做完這一切，請你回顧過去，有哪些你所列的資源曾運用得很純熟。回顧過去找出你認為最成功的兩三次經驗，仔細想想是做了什麼特別的事，才造成事業、健康、財務、人際關係方面的成功，請記下這個特別的原因。

7、當你做完前面的步驟後，現在請你寫下要實現目標本身所應具有的條件。你是不是得有很好的教育和訓練呢？你是不是得知道如何運用時間呢？假使你想做個突出的民意代表，你就得列出吸引群眾的能力和條件。

我們聽過不少成功的故事，但是很少知道那些成功者本身的特質，例如他們的個性、信念、行為等。如果你不能確知他的這些特質，就很難看出他成功的原因。所以現在該你寫下你若要成功，所應具備的人格特質和條件。

8、寫下你不能馬上實現目標的原因。要克服自我的限制，便得確實地去認識它。首先你得剖析自己的個性，看看是什麼原因妨礙你的前進，是你不懂如何計劃嗎？還是你不知如何執行？是你分身乏術呢？還是你太過於專注於一件事呢？是不是你過去因為得失心太重，使你不敢嘗試呢？我們每個人都曾為自己設限，訂出跨不出去的界限，如果我們能正視這些限制，便能馬上改變它。

我們知道追求的目標和原因，我們也知道貴人何在，但是最終決定我們能否實現心思的因素，還在於我們的做法。要想順利達成目標，我們得有循序漸進的計劃。就像蓋棟房子，難道你以為有木頭、釘子、鐵鎚、鋸子便可以動工了嗎？像這樣子蓋的房子，是不大可能會成功的。蓋房子一定得有藍圖，你才能知道怎麼進行，否則你只是把木板胡亂拼湊而已。人生亦是如此，現在你就得畫出自己的藍圖，追求成功。

要想達成自己的心願，你得不斷採取什麼做法呢？如果你不確定，可以想想有哪位成功者值得你去學習？從你目前的地位一步步列出所需的做法。例如你希望未來能在經濟上不虞匱乏，可能要先是一家公司的老闆；要做老闆之前，你得先是副總裁或公司的重要主管。像這樣子從最終的目標往回溯，一步步找出每一階段的做法，直到目前的你。或許目前你就得在銀行開個戶頭存款，或者買本教你如何致富的書。

如果你想做個職業舞者，你可知要怎麼做嗎？你可知有哪些步驟？你可知在目前、在明天、在這個星期、在這個月、在今年得做哪些事，才能達成心願嗎？如果你不敢確定未來的計劃，不妨問問自己，到底是什麼妨礙了你不敢去追求想要的呢？當你找出了答案，就立刻把它給改變，在這些問題能解決之際，它就成為你的階段目標或墊腳石，幫你逐步實現心願。

9、現在請你針對自己那四個重要目標，訂出實現它們的每一步驟。別忘了，從你的目標往回訂步驟，並且自問，你第一步該如何做，才會成功？或者，目前是什麼因素妨礙了你前進呢？你該如何改變自己呢？一定要記得，你的計劃得包含今天你可以做的，千萬不要好高騖遠。

到目前為止，你已經知道了自己未來的目標，同時也制定了長短期階段目標。你知道自己的個性，哪一種能幫助你前進，哪一種會扯你後腿。在此刻，就開始給自己立下達成目標的策略步驟。

追求卓越最穩當的方法是什麼？那就是向與你有相同目標且已成功的人學習。

10、為自己找一些值得效法的模範。從你周圍或從名人當中找出三、五位在你目標領域中有傑出成就的人，簡單地寫下他們成功的特質和事蹟。在你做完這件事之後，請你閉上眼睛想一想，彷彿他們每一個人都會提供你一些能實現目標的建議，記下他們每一位建議的重點。這些重點可包括應避免的障礙，突破限制的方法，應注意的地方，應尋求的事物。就像他們在跟你私下交談一樣，在每句重點之下記上他們的名字，即使你不認得他們，但透過這種過程，他們就好像成為你追求成功的最佳顧問一般。

卡內基希望能成為一位富有、成功的生意人，因而向洛克菲勒學習；史匹柏在還沒受雇於環球製片公司之前，便向裡面的工作人員學習。事實上，每一位有重大成就的人，都有一位模範，都有一位老師在引導著他們，朝著正確的方向前進。

現在你已很清楚地知道該往何處去了，並且也知道跟著成功者的腳步前行，不但能節省時間和精力，且可避免走錯路，可是在你的人生裡，誰能扮演領導你的角色呢？那個人你得好好地去尋找才行。

到此為止，你一直在傳送一些訊號給你的腦子，讓它能形成一個清楚、明確的目標。目標有如磁鐵，可以吸引能實現的美夢。

請你回想過去曾有過的重大成功事蹟。閉上眼睛，把那次的成就在腦海裡形成清晰、鮮明的圖像。現在想想你今天所寫下的目標，在腦海裡浮現出一幅有一天你實現這些目標的圖像。請你把這幅圖像放在剛剛那幅圖像的旁邊，並使它放大、鮮明、清晰，看看你有什麼感覺。相信你這時的感覺必然跟先前剛制定時的感覺截然不同。記住，成功之路是永遠在構築中的。

11、如果你的目標是多方面的，那就更好了。然而要注意的是，這所有的目標對你都得有整體性的意義。現在就請你好好地計劃每一天的生活，你希望和誰在一起呢？你要做什麼？你要如何開始這一天？你要朝哪個方向？你要得到什麼結果呢？希望你從起床開始，一直到上床，整天都有妥當的計劃。別忘了，你所有的結果與行動都來自於內心的構思，因此就照你所期望的方式，好好計劃你的每一天吧！

12、有時我們會忘記，美夢是由家先開始的。我們也會忘記邁向成功的第一步，是提供自己一個能滋生創造力的環境，讓我們去做各種能做的事。在此我要特別提醒你，為自己設計一個完美的環境吧！

你要像個國王一樣，為自己造出一個能實現美夢的環境，讓自己的心在裡面翱翔，不加限制。你希望的環境是在何處？在森林裡？在大洋上？還是在辦公室中？你希望能擁有哪些工具呢？一本筆記本？一部電話？還是一台電腦？你希望周圍有哪些能幫助你實現目標的人呢？

如果你對自己所盼望的生活沒有清楚的概念，又怎能實現呢？如果你不知道自己理想的環境是什麼，又怎能創造出它呢？如果你不知自己的箭靶位置，又怎能射中它呢？務必要記得，我們的頭腦得有清楚而明確的訊號，才能引導我們到自己想要去的地方。

亨利・福特說：「思考是最艱難的工作，這也就是為何很少人願意去從事的理由。」

如果你不知道自己未來的遠景，你就永遠到不了那裡；如果你沒有自己的主見，別人就會為你做主；如果你對自己的未來沒有計劃，你就會成為別人計劃裡的一枚棋子。因此你要做好前面的練習，可不要只是看過了事，不然你永遠無法在心裡產生能助你成功的訊號，引導你走上正確的方向。或許這些練習一開始做起來並不容易，但是請相信，它們對你會有很大的幫助，並且你越做越覺得有意思。

許多人的一生過得庸庸碌碌，其中有一個原因，就是成功經常是藏在辛勤工作的後面。的確，好好計劃自己的未來，按部就班地前進是一件艱難的工作，這也就是為何人們遲遲不規劃自己的人生，因而落入僅求養家糊口的地步。

現在請你花點時間，很努力很認真地去做這些練習吧！長久以來有句話是這麼說的：人生有兩種痛苦，一種是努力的痛苦，一種是後悔的痛苦，但後者卻大於前者千百倍。為了你自己的將來，好好地運用這十二條原則，你的人生將會無比豐富。

培養成功者的七種特質

成功者的特質，彷彿是內心中燃燒的火焰，驅使他們去追求成功。成功者能終年一致地施行有效的做法以達成自己的目標。是什麼力量驅使他們這樣做呢？下列七種特質是非常重要的：

一、熱情

成功者一直有一個長據心頭的目標，驅使他們去實行、去追求成長和更上一層樓。這目標給予他們開動成功列車所需的動力，使他們釋放出真正的潛能。

是熱情使艾科卡做出別人所做不出的事；是熱情讓眾多科學家終年孜孜不倦，尋求突破，以便把太空人送上外太空並接返地球；是熱情讓人夙興夜寐，是熱情使人如沐春風，是熱情讓人生有力量、有勇氣、有意義。若無熱情，則無一事可成，不論是運動員、藝術家、科學家、父母或生意人，缺了它就不會奮發向上。

二、信念

世上每一本宗教書籍都是在訴說信仰和信心帶給人類的力量和影響。成功者與失敗者的信念就是截然不同，而我們現在對自我評斷的信念往往就支配了我們的未來。如果我們相信美妙，未來就會過著美妙的日子；如果我們自行設限，轉眼之間那些限制就在眼前。所以若我們相信會成真它就必會如願。有些人雖有熱情，但對自己的能力懷疑或期許不高，因而從未採取能讓願望實現的行動。但成功者不然，他知道所追求的並且相信能夠獲得。

熱情和信念猶如汽油，推動你邁向卓越之境，不過有動力仍舊不成，還得有航向，否則就像沒有目標的火箭，在天空中盲目地亂竄。航向對人而言，就是指明智且循序前進的計劃。

三、策略

策略就是組合各種行動的計劃。當史匹柏決心成為一名導演後，他畫出一條引導他用電影征服世界的方針，因而他曉得要學些什麼，得認識誰，該怎麼做。他有熱情、有信念，但更有策略，他事事按部就班地完成，所以萬事俱備並不一定能保證成功，還要有一套最佳的行動組合，使其發揮到極致的地步才行，這才叫策略。要進入屋內，你可以破門而入，也可以找鑰匙開啟，看你怎麼去做。

四、清楚的價值觀

若人有正確的價值觀，便能使我們分辨出是非黑白，明白人生的真諦。遺憾的是，有太多的人卻完全不清楚，也因此有些人常在事後懊悔所做的，就是因為他們沒有明確的價值觀。然而反觀那些成功的人，他們差不多始終都清楚地明白，基本原則是什麼，他們雖然職業不同，但卻有共同的道德根基，知道為人本份和當仁不讓。所以要想成功，就得明白自己的價值觀，這是極為重要的關鍵。

以上四種特質彼此扶助並相互帶動。信念會影響熱情，我們越相信會達成目標，就越會投入心力促其實現。但是，僅有足夠的信念，並不能保證進入卓越之境——你若從一開始便面向西方，卻相信會看見日出，那可難了。我們的價值也會影響我們的策略。如果我們的策略為求成功，卻不擇手段地去做違背良知的事，即使是最好的策略也不足取。這也就是為什麼我們常看到有些人蓋高樓，不久又見樓垮了，因為他們的策略和價值觀彼此相對立，互相衝突。

五、活力

缺乏活力，步履蹣跚的人想進入卓越之林，那幾乎是不可能的。精力充沛之人的四周，幾乎整日充滿各式各樣的機會，忙得令他們分身乏術。若能抓住機會且善於利用機會，便步向成功，有些人有熱情、有信念，也擁有成功的做法，更不與價值觀抵觸，可惜就是缺乏那股活力，無法進行所要做的事。所以要建立偉業，就得保持有在體能上、心智上、和精神上的活力，那才能使我們盡情地發揮。

六、凝聚力

差不多所有的成功者都有一種凝聚眾人的超凡能力，這種能力可以把不同背景、不同信仰的一群人糾合在一起，建立共識，統一行動。固然，偶而也會有個「鬼才」發明出影響世界的東西來，但他若終生只是孤零零地守在實驗室裡，就算他在某方面成功了，但他失去得更多。那些立大業的人，如甘乃迪、雷根、甘地等人，都具有能夠結合千百萬人於一起的能力。不過，最偉大的成功不是展現在世界的舞臺上，而是在你內心深處。我們應該與周圍的人以和相交，結合成一個歷久而密不可分的關係，共同追求美好的未來。否則任何成功，任何卓越，都是虛無的。

七、善於傳送訊息

不論對外界或內心傳送訊息的方式如何，最終一定會主宰我們一生的好壞。真正成功的人是那些已學習敢於面對人生挑戰，且能把在逆境中求勝的經驗傳送給自己的人；而那些承認人生失利，因而畫地自限的人，才是真正的失敗者。能帶動我們生活和文化的人，都是能與他人溝通的大師，他們具有傳送見解、請求、歡喜、消息的能力。能熟諗此等能力，便能成為偉大的父母、藝術家、政治家、教師等。我們幾乎在人生的每一時刻都會或多或少地面對溝通、消除歧見以及交換看法。

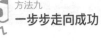

克服阻礙你成功的各種障礙

為了更好地把握機遇，在頭腦中做好準備，就必須知道哪些障礙可能阻礙你把握機會、走向成功，然後再設法消除這些障礙。國外一些相關的研究機構的研究證明，失敗的主要原因有二十六種，它們是：

▼缺乏明確的人生目的

如果沒有明確的人生目的，便沒有成功的希望。經有關研究機構分析，一百人中有九十八人沒有這種目的。也許這是他們失敗的主要原因。

▼缺乏志向與抱負，對都無所謂

因此我們對不願上進和不願付出代價的人，絕不要抱任何希望。

▼缺乏百折不撓的精神

我們中間的多數人，做事都是虎頭蛇尾，而且還有看到失敗的跡象便立即退卻的傾向。百折不撓的精神是無可取代的。以百折不撓的精神作為座右銘的人，不會因為發現失敗便立刻離去。失敗，鬥不過百折不撓的精神。

▼**消極的性格**

消極的性格會使別人敬而遠之，進而沒有成功的希望。成功產生於力量的應用，而力量則需要大家的努力合作。消極的性格不會產生合作。

▼**拖延**

這也是最常見的失敗原因。拖延總是時刻跟隨著每個人的身影，等待著破壞人們成功的機會。我們之中的多數人之所以一生失敗，是因為我們總是等待「好時機」，以便開始做值得一做的事。不要等待！時機永遠不會是「正好」的。就在你站立的地方，用你手中的工具開始做吧，在你做的過程中會得到更多更好的「好時機」。

▼**妄想「不勞而獲」**

賭徒的天性驅使著數以百萬計的人們走向失敗。一九二九年華爾街股票市場的崩盤，使許多的人破產。從這裡我們可以找到他們失敗的證據。

▼**缺乏自律**

自律來自於自我控制。一個人必須能控制住自己所有的消極情緒與行為。在你要控制別人前，必須先要控制自己。你會發現自我控制是最難的。你不能征服自己，就會被自己所征服。當你在鏡子裡看到自己時，他既是你的最好朋友，也是你的最大敵人。

▼過分謹慎

不願冒風險的人，通常只能獲得別人剩下來的東西。過分謹慎與不夠謹慎同樣不足取，要防止這兩個極端。人生中到處充滿了機遇。

▼過分恐懼

對未知充滿恐懼。害怕變革也是許多人失敗的主要原因。在你有效地為他人服務之前，必須克服這些恐懼。

▼迷信

迷信是恐懼的一種。它也是無知的表現。成功的人相信科學與證據，命運主宰於自己手中。

▼優柔寡斷

成功的人都能迅速地下定決心，並根據情況的變化而改變他的決定。猶豫不決和拖延是孿生兄弟，只要看見一個，就會找到另一個。在它們將你的腳和它們的腳捆在一起，走上失敗的道路之前，就將它們完全消滅吧！

▼花錢不知節制的習慣

揮金如土者不可能成功，因為他無法過節儉的生活。要規定收入的百分比作為儲蓄，以養成有計劃的儲蓄習慣。

▼**缺乏熱心**

缺乏熱心的人是不會有人相信的。而且熱心富有感染力，熱心的人往往會受到大家的歡迎。

▼**偏執**

不能容納許多問題的人，很少能上進。偏執的意義便是一個人不再求知。最具有破壞性的偏執是與宗教、種族以及政治觀這三種。

▼**無節制**

最具有破壞性的放縱與飲食、性的活動有關。過分沈溺在這些放縱裡，都會構成你事業上的致命傷。

▼**蓄意欺騙**

誠實沒有代用品。一個人一時撒謊，是可以諒解的。但是一個蓄意欺騙的人則不會有希望，他遲早要自食惡果，其代價就是完全喪失個人信譽。

▼**自大和虛榮**

自大和虛榮好像是紅燈與柵欄，使人不可接近，是成功的致命傷。

▼**草率猜測**

大多數人或不注意或太懶而不去仔細思考問題的實質。他們寧願憑著猜測或草率的判斷所產生的看法去採取行動。

▼不善於和別人合作

因為不能與別人合作，而喪失地位和機遇的人為數眾多。見多識廣的工商界人士或領袖，都不會容忍這種缺點。

▼童年時代不利的環境影響

「幼枝時是彎的，成樹後也是彎的。」多數人的犯罪傾向，都是在童年時代由於不良環境和不正當的交友而造成的。

▼教育程度不足

這個缺點的克服十分容易。經驗證明，自學的人往往是學習得最好的人，光有一張大學文憑是不夠的。光「知道」知識是不行的，重要的是知識的應用。人之所以能得到報酬，不是因為他們「知道」，而是因為他們能將「知道」的應用在工作上。

▼健康不佳

沒有良好的健康，便不會有好的成功。健康不佳的許多原因是可以克服和控制的。這些原因主要有：

1、食物飲用過度。

2、消極的思想，情緒與行為。

3、性慾發洩無節制。

4、缺乏正常的運動。

▼**選錯結婚的對象**

這是失敗者中最普遍的原因。婚姻關係給人們帶來親密的接觸，這種關係除非是和諧的，否則失敗就會隨之而來。失敗的婚姻會毀掉一個人所有的抱負。

▼**選錯職業**

一個人對他的職業不喜歡，那是不會成功的。在尋找職業中最重要的一點，便是要選擇自己能全心全意去努力的職業。

▼**選錯事業的夥伴**

企業的失敗原因以這點為多見，一個人在尋找雇主時應當極其小心，雇主應當是聰明和成功的。

▼**缺乏資本**

初次開創事業，但沒有足夠的資本來承受他們所犯錯誤的影響，和幫助他們渡過難關直到建立起信譽為止。這是一個普通失敗者的原因。

知道了失敗的常見原因，你就可以「對症下藥」，及早預防，在腦中做好了準備，你就更容易把握機遇了。

正確而有效地控制自己的言行

有一個聰明的年輕人，很想在任何方面都比他人強，他尤其想成為一名大學問家。可是，許多年過去了，他的其他方面都不錯，學業卻沒有長進。他很苦惱，就去向一個大師求教。大師說：「我們登山吧，到山頂你就知道該如何做了。」

那山上有許多晶瑩的小石頭，煞是迷人。每見到他喜歡的石頭，大師就讓他裝進袋子裡背著，很快，他就吃不消了。「大師，再這樣下去，別說到山頂了，我恐怕連動也不能動了。」他疑惑地望著大師。

「是呀，那該怎麼辦呢？」大師微微一笑。

「該放下嗎？」

「那為何不放下呢?揹著石頭怎能登山呢？」大師笑了。

年輕人一愣，忽覺心中一亮，向大師道了謝就走了。從此，他再也不沈迷於過去了，一心向學，進步飛快……

其實，人要有所得必要有所失，只有學會放棄，才有可能登上人生的極至高峰。一個人要成就大的事業，不能隨心所欲、感情用事，對自己的言行應有所克制，這樣才能使小的錯誤、缺點得到抑制，不致鑄成大錯。德國詩人歌德說：「誰若遊戲人生，他就一事無成，誰不能主宰自己，他永遠是一個奴隸。」要主宰自己，必須對自己有所約束，有所克制。自制能力是在日常生活中和工作中善於控制自己情緒和約束自己言行的一種能力。一個意志堅強的人是能夠自覺控制和調節自己言行的。如果一輛汽車光有引擎而沒有方向盤和剎車系統，汽車就會失去控制，不能避開路上的各種障礙，就有撞車的危險。一個想要有所成就的人如果缺乏自制力，就等於失去了方向盤和剎車，必然會「撞車」。一個人在完成自己的工作過程中，必然要接觸各式各樣的人，處理各式各樣複雜的事，其中有順心的，也有不順心的，有順利的，也有不順利的，有成功的，也有失敗的，如缺乏自制能力，放任不羈，勢必會鑄成大錯，後悔莫及。這樣，當然很難把車開到目的地了。因此，必須善於克制自己，不使自己的言行出錯。怎樣才能正確而有效地控制自己的言行呢？

▼用理智戰勝感情

對事物認識越正確，越深刻，自制能力就越強。比如，有的人遇到不稱心的事，動輒發脾氣，訓斥謾罵，而有的人卻能冷靜對待，循循善誘以理服人。為什麼呢？古希臘數學家道格拉斯說：「憤怒以愚蠢開始，以後悔告終。」所以對自己的言行失去控制，最根本的就是對這種粗暴作風的危害性缺乏深刻的認識，因而對自己的感情和言行失去了控制，造成了不良影響。

法國著名作家小仲馬有過這樣一段經歷，他年輕時愛上了巴黎名妓瑪麗。瑪麗原是個農家女，為生活所迫，不幸淪為娼妓。小仲馬被她嬌媚的容顏所傾倒，想把她從墮落的生活中拯救出來，可是她每年的開銷要十五萬法郎，光為了買禮物給她及各種花費，他就借了五萬法郎的債。他發現自己已面臨可能毀滅的深淵，理智終於戰勝了感情，他當機立斷，結束了和她的交往。後來，小仲馬根據瑪麗的身世寫了一部小說——《茶花女》，轟動了巴黎，小仲馬也因此一舉成名。理智使小仲馬產生了自制能力，使他懸崖勒馬，戰勝了感情的羈絆。

▼依靠堅強的意志

蘇聯教育家馬卡連柯說過：「堅強的意志——這不但是想什麼就獲得什麼的本事，也是迫使自己在必要的時候放棄什麼的本事。而沒有克制也就不可能有任何意志。」因此，反過來也可以說，沒有堅強的意志就沒有自制能力。堅強的意志是自制能力的支柱，意志薄弱的人，就好像失靈的閘門，對自己的言行不可能起調節和控制作用。

著名科學家高士奇早年留學美國，畢業後留芝加哥醫學研究所深造。二十三歲那年，一個裝著腦炎病毒的試管破裂，病毒順著耳膜侵入腦部，損害了他的神經，他殘廢了，全身癱瘓，語言含糊，連飲食都困難，但上帝留下一扇窗給他，他思路仍然清晰，思維依舊正常，他感到自己掌握的知識還能為人民做出貢獻，就以堅強的意志，克服了令人難以容忍的巨大痛苦，孜孜不倦地寫作，終於成了著名的科學家。由此可見，自制能力是一種為了執行自己的決定奮不顧身，不達目的不罷休的精神，正是這種精神力量，使他戰勝了生理上的巨大的障礙。沒有堅強的意志，嚴重的癱瘓早就毀滅了他。

▼用毅力控制喜好

一個人下棋入了迷，打牌、看電視入了迷，都可能影響工作和學習。毅力，可以幫助你控制自己，果斷地決定取捨。毅力，是自制能力果斷性和堅持性的表現。列寧是一個自制能力極強的人，他在自學大學課程時，為自己安排了嚴格的時間表：每天早飯後複習各門功課；午飯後學習馬克思主義理論；晚飯後適當休息一下再讀書。他過去最喜歡滑冰，但考慮到滑冰比較容易疲勞，會使人想睡覺，影響學習，就果斷地不滑了。他本來喜歡下棋，一下起來就入了迷，後來感到太費時間了，又毅然戒了棋。

滑冰、下棋看來都是小事，是個人的一些喜好，但要控制這種喜好，沒有毅然決然的果斷性就辦不到。常常遇到這樣一些人，嘴上說要戒菸，但戒了沒幾天就又開始抽了。什麼原因呢？主要就是缺乏毅力。沒有毅力，就沒有果斷性和堅持性，自制的效率就不高。可見，要具有強有力的自制能力，必須伴以頑強的毅力。

change
myself
03

目標是成功的動力，有夢最美！

雅致風靡　典藏文化

親愛的顧客您好，感謝您購買這本書。即日起，填寫讀者回函卡寄回至本公司，我們每月將抽出一百名回函讀者，寄出精美禮物並享有生日當月購書優惠！想知道更多更即時的消息，歡迎加入“永續圖書粉絲團”您也可以選擇傳真、掃描或用本公司準備的免郵回函寄回，謝謝。

傳真電話：（02）8647-3660　　電子信箱：yungjiuh@ms45.hinet.net

姓名：　　性別：□男　□女

出生日期：　年　月　日　電話：

學歷：　　職業：

E-mail：

地址：□□□

從何處購買此書：　　購買金額：　元

購買本書動機：□封面 □書名 □排版 □內容 □作者 □偶然衝動

你對本書的意見：

內容：□滿意□尚可□待改進　編輯：□滿意□尚可□待改進

封面：□滿意□尚可□待改進　定價：□滿意□尚可□待改進

其他建議：

剪下後傳真、掃描或寄回至「22103新北市汐止區大同路3段194號9樓之1雅典文化收」

您可以使用以下方式將回函寄回。

您的回覆，是我們進步的最大動力，謝謝。

① 使用本公司準備的免郵回函寄回。

② 傳真電話：（02）8647-3660

③ 掃描圖檔寄到電子信箱：

yungjiuh@ms45.hinet.net

沿此線對折後寄回，謝謝。

廣告回信
基隆郵局登記證
基隆廣字第056號

221-03

雅典文化事業有限公司　收

新北市汐止區大同路三段194號9樓之1

雅致風靡　典藏文化